淡海文庫 35

近江の民具

―滋賀県立琵琶湖博物館の収蔵品から―

サンライズ出版

はじめに

それまで民具について何の知識も持ち合わせていなかった著者が、民具を収集することになったきっかけは、『琵琶湖博物館資料目録第一三号、民俗資料一琵琶湖水系漁撈習俗資料(一)』(二〇〇六年三月刊)にも書いておいたが、昭和五十三年(一九七八)から琵琶湖総合開発にともなう民俗調査がはじまり、それを担当していたからであった。世は、昭和四十八年に第一次石油ショックを経験し、高度経済成長から省エネ時代へ方向転換をしていたにもかかわらず、使い捨てに慣れた国民には歯止めがきかなくなっていて、相変わらず古いものはどんどん捨てて新しいものを購入することを繰り返していた。

捨てられるものの中で、民具は最たるものであった。家を新築すると、納屋に入れてあった古い農具や生活用具は無用の長物とばかりに、田へ持っていって焼却した。民具に強い関心を持っていたわけではないが、今のうちに収集しないとすっかり失われてしまうだろうとだれもが感じる状況にあった。こうした危機感は研究者のあいだでも動きがあり、昭和五十年(一九七五)に「日本民具学会」が設立された。その後は地方単位の民具学会もつぎつぎでき、関西でもその前年から活動を開始していた「近畿民具研究の会」が昭和五十一年に「近畿民具学会」として再スタートした。それらは今も活動を続けている。

民具の大量廃棄は以前からも続いていた現象で、高度経済成長が人々にも体感できるようになって盛んになったと考えられる。民具を集めに行くと、地元の人から「来るのが一〇年遅かった」といわれた。一七年半もこの仕事を続けていて、あとで分かったが、一〇年早くはじめたとしても同じことばを聞いたであろう。遅くても仕方ない、集めようと始動したときが集めドキ（旬《しゅん》）である。思い立ったときに一気に集めねばならない。いつはじめたとしても、つねに手遅れになって収集できないものはある。

本書に掲載した民具は、特別なものはひとつもない。どこにでもある、ありきたりのものである。民具と出会って、旧蔵（寄贈）者からいろいろと教わり、民具と対話して理解を深め、勉強になったことなどを綴ったものである。

民具の重要性

民具は、どこの家にもあり、何かの目的のために作られ、修理はするが、最終的には新しいものと取り替え、古い傷んだものは廃棄されるのが通例である。いくらでも再生産が可能で、新品を購入するか自ら作ればすぐに代替品を手にいれることができるからである。だから古くなった民具、傷んで修理の施しようのない民具は価値のないがらくたでしかない。保存して残すものでなく、捨て去るものである。ということが、いく世代にもわたり繰り返されてきた。それらは、単体の廃棄であった。ところが二〇世紀後半の高度経済成長にともなう大量廃棄、一戸の家で用いられてきた民具の全品廃棄が発生し、それは二度と再生産されることがない事態に至って、資料館などでこれを集め保存しようとする活動が始まった。それまでは、美術工芸品のように民具を展示し、観覧に供することはなかった。

なぜ民具を保存するのか。ということを考えてみると、いくつかの理由が思い浮かぶ。今まであったものが消滅してしまうので、たとえその一部でも残したい。昔を懐かしむ回顧的な思想がうかがえるのは、民具を実際に使用して暮らしてきた世代の人びとで、この気持ちが強いと思われる。歴史の証人として、庶民生活誌の資料として例示できるものを後世へ伝えることも重要な理由の一つである。農具などは、素材が木や竹から金属製に変わった程度で、用法や形態は数千年間ほとんど変化していない。考古学の出土品が何に用いられていたものかを判断する基準は、たいてい現在民具との比較によるであろう。民具を無視して考古学研究は出来ない。

民具の一番大切なところは、ひとつひとつの民具が現在の形態になるまでに、祖先以来、工夫と改良を繰り返してきた英知が詰め込まれているということである。もちろん現在の形が完了形態ではなく、さらに工夫と改良を続ける余地はあるが、ほぼ完成状態に近い。一部には用途からはずれたため、発展形態がそこで停止している民具もあろう。こうした技術の粋が集積された民具を放置し、朽ち果てさせるのは惜しいことである。民具から学んだことを未来へ生かさせねばならないし、我々にはその責務がある。

使用することを目的に作られた民具は、はじめから保存することを想定されていない。本来の目的である「使用」をせず、予定されていなかった「保存」をするには、無数ともいえるほど存在する民具のどれを保存するか、すなわちどういう民具を主として収集するのかを念頭において活動を始めなければならない。手当たり次第に収集を行うと、みるみるうちに収蔵スペースはパンクをするからである。

そこで「山村生活用具」とか「湿田農耕具」などという収集テーマを設けて、そのテーマに沿った民具を収集する。その方が集めやすい。一般にいわれる体系的系統的な収集である。民具それ自体は、美術品のように鑑賞に堪えるものではないし、作品そのものに価値を有しているものでもない。見られることを意識して作られたわけでもなく、著名な作家が作成したものでもないからである。したがって博物館などでは、収集した民具を資料として価値付けをしなくてはならない。有形民俗文化財として一定の価値を付ける必要がある。価値あるものであるゆえに資料として保存することになるのである。

体系的系統的に大量に収集してあれば、価値付けすることが容易である。さらに類似の民具を比較研究することにより、民具の変遷が分かり歴史的位置づけも可能となる。価値付けできるような収集をしなければならない。

民具の展示

民具の展示は露出展示である。もともとがそのようにして保管されてきた歴史があり、美術品のようにケースに入れて鑑賞するにはなじまないからである。

しかし、地方の資料館を訪れて悲しい思いをすることがある。古い建物を利用した資料館などで見受けるが、大量の民具が収集されて、ぎっしりと展示されている。廃棄されるのを免れて余命を資料館で過ごす民具たちであるが、収蔵展示とでもいうのであろうか、運び込まれて最初に展示したままで何年も経過しているのか、白く埃をかぶった状態で置かれている。思わず「民具の墓場だ」とつぶやいてしまう。

館に配置された職員の数、運営経費、管理体制、いろいろな問題を抱えている結果が展示に現れているのだろうが、収納した民具の活用を図らねばならない。第二の人生にある民具を生かしていく方策を見つけることだ。

収集した民具を使用して暮らしを立ててきた世代はどんどん少なくなっている。子どもたちや若い世代の人にとって、初めて見る民具も少なくないであろう。ただ民具を並べて展示しただけでは、使い方も用途も分からない。それで理解を進めるために展示にも工夫が必要になり、使い方のわかる展示、使用中の姿を図や写真、またはビデオを用いて示すことになる。

ある博物館で竪挽《たてび》きの鋸《のこぎり》を見た。前挽き鋸といい、一見すればすぐにわかる幅の広い大型の鋸である。ところによっては、さらに古い鋸の呼称であるオガ（大鋸）という名で呼んでいる場合もある。これは丸太を輪切りにするのではなく、木《こ》挽き職人が材を縦に挽いて板や柱を製材するのに用いる鋸である。つまり素人が使用する鋸ではなく、木挽き職というプロが使うものである。ところが、その博物館では丸太を半分まで輪切りに挽いた状態で展示してあった。これは我々も使う普通の横挽き鋸の使用法で、明らかに間違っている。展示することでかえって誤解を与える。ある人に聞くと、その人もそれを見たという。以前から訂正が出来ていない。

歴史民俗資料館

今はなくなったが、国庫補助で歴史民俗資料館整備事業というのがあった。廃棄が急増している民具を緊急避難的に収納する施設を整備するのに国が補助する事業であった。昭和四十五年（一九七〇）からはじまり、昭和五十年代に盛んに建設され、最後は平成五年（一九九三）まで続いている。施設は新築でも既存の建物を改修するのでもかまわない。学芸員の配置も任意である。要は民具を収納する箱ものを確保して民具の保存を図ることにあった。あまりの少額補助であるということで廃止されたが、各地で民具を保存するのにはそれなりの成果があったと思う。

滋賀県ではつぎの一〇館が建設された（次ページの表1）。

当初は、市町村の希望に基づいて資料館が建設されていた。しかし、建設費に比べて国の補助額があまりに少なく、随伴する県費はさらにそれを下回り、残りは起債が認められていた。それで、滋賀県ではそれなりに県政の意向にそうものであれば建設費の一～二割を

表1　歴史民俗資料館整備事業により開館した滋賀県内の市町村立歴史民俗資料館

（『平成5年度滋賀の文化行政』をもとに作成。R.C.＝鉄筋コンクリート造）

建設年度	施設名（建設当初）	所在地（建設当初）	構造／延面積（㎡）	展示内容	現在の名称
昭和53（1978）	近江八幡市立歴史民俗資料館	近江八幡市新町2丁目	民家1F 284.63	商家、民具全般	
昭和53（1978）	甲賀町立甲賀歴史民俗資料館	甲賀郡甲賀町大字油日（現、甲賀市）	R.C.1F 175.335	油日神社、甲賀売薬資料	甲賀市甲賀歴史民俗資料館
昭和54（1979）	多賀町立歴史民俗資料館	犬上郡多賀町大字敏満寺	R.C.2F 663.53	歴史、民俗、鉱物	休館中
昭和55（1980）	五個荘町歴史民俗資料館	神崎郡五個荘町大字宮荘681（現、東近江市）	民家1F 702.00	近江商人の本宅、交易、生活用具	東近江市五個荘近江商人屋敷藤井彦四郎邸
昭和55（1980）	高島町歴史民俗資料館	高島郡高島町大字鴨（現、高島市）	R.C.2F 329.60	鴨遺跡、農具	高島市立高島歴史民俗資料館
昭和56（1981）	湖東町歴史民俗資料館	愛知郡湖東町大字北菩提寺（現、東近江市）	木造校舎2F 1,324.96	鋳物用具、民具全般	東近江市湖東歴史民俗資料館
昭和57（1982）	石部町歴史民俗資料館	甲賀郡石部町大字石部字雨山3877-12（現、湖南市）	R.C. 1F 455.04	東海道五十三次の交通資料	湖南市東海道石部宿歴史民俗資料館
昭和57（1982）	水口町歴史民俗資料館	甲賀郡水口町大字水口5638（現、甲賀市）	R.C.2F 1,035.16	曳山資料	甲賀市水口歴史民俗資料館
昭和57（1982）	高月町歴史民俗資料館	伊香郡高月町大字渡岸寺229	R.C.2F 527.30	観音資料	俗称、観音の里歴史民俗資料館
昭和61（1986）	野洲町歴史民俗資料館	野洲郡野洲町辻町57-1（現、野洲市）	R.C.2F 2,596.84	銅鐸資料	野洲市歴史民俗博物館

図1　民俗部門における県内協力体制（一例）

『仮称びわ湖民俗博物館基本計画調査報告書』（滋賀県教育委員会、1982年）より

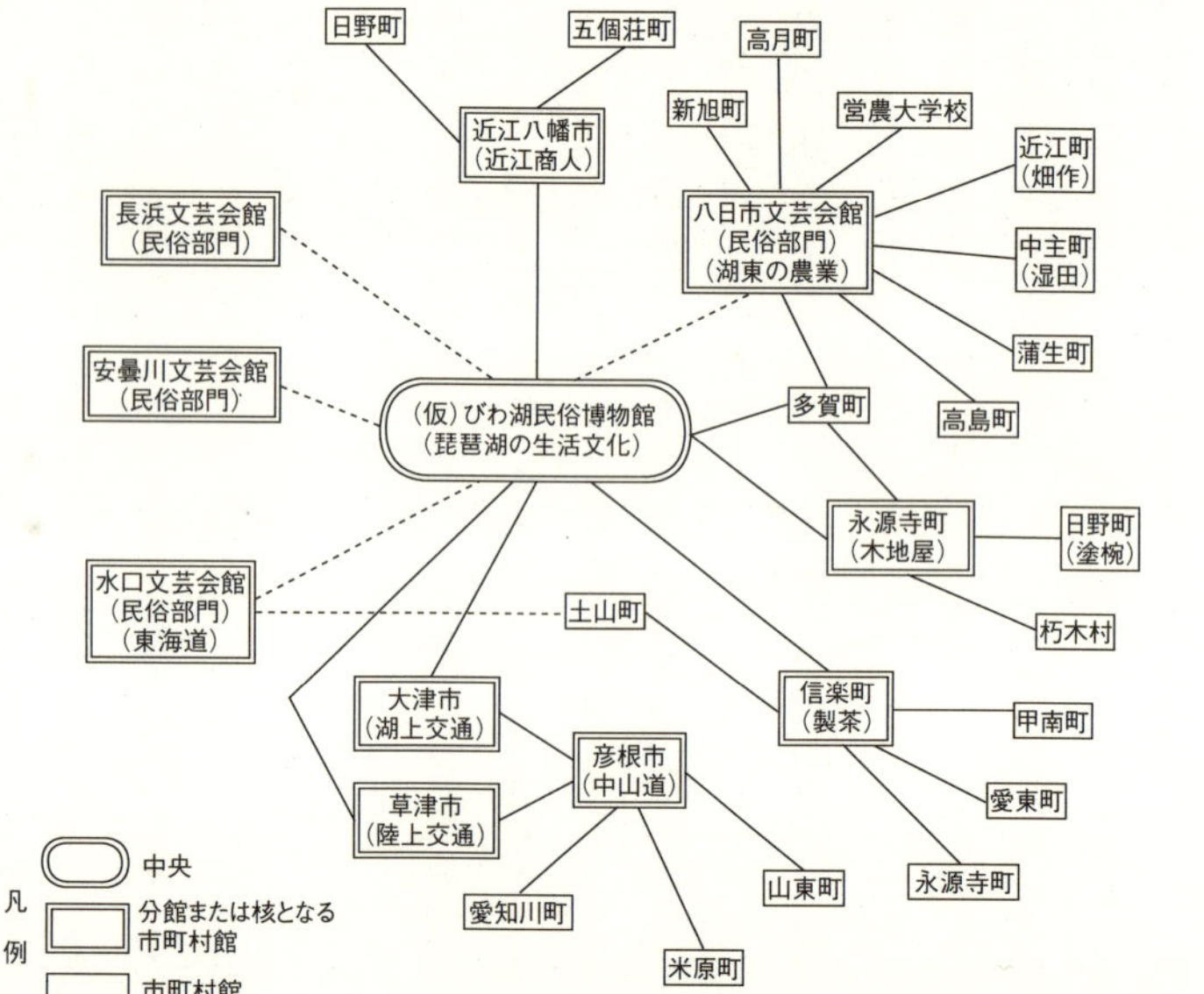

（注）県内各地の民俗分野及び施設のつながりの例示を示す。

補助することになった。そして滋賀県全体の博物館ネット構想が作られた（図1）。県が将来建設する予定の博物館と各地で建設される博物館資料館とが役割を分担し、それぞれがテーマを持った専門の博物館施設とする。それらを総合すると、ひとつの総合博物館となる。つまり総合博物館の分野ごとの展示室が県内各地に分散した独立の博物館資料館になっていて、それぞれのテーマはその地域と関わりの深いものである、というものであった。

したがって、歴史民俗資料館を建設したいという希望があると、何をテーマとした施設かを決めてもらう。そのテーマで他の市町村と競争したとしてもはるかに抜きんでいる内容をもっていることが条件となった。そして、テーマに合わせた資料収集を行い、一般の問い合わせに対してはそのテーマに沿って答えることが出来る専門館を目指すというものであった。民具の収集もテーマに合わせて特化した収集を行い、テーマに沿うものであれば、日本中、極端な話をすれば海外まで収集の手を伸ばしてもよいとした。野洲町は銅鐸、水口町は曳山、湖東町は鋳物師、高月町は観音信仰といった具合である。これも建設が続かず、昭和六十年代でとん挫した。民具を収納する施設のない市町村では、一部の人が収集して小学校などに保管しているが、民具の将来は危ういものである。信楽町（現、甲賀市）では、せめて写真にでも記録しようと、二〇〇一年に『しがらきの民具』をまとめた。民具を保存しようとする運動と、それに答える十分な施設の不足している状態が二〇世紀から二一世紀になっても続いている。

ところで、琵琶湖博物館は、琵琶湖をテーマにした専門博物館である。自然と人文それに水族館もあるのでいちおう総合博物館といえるが、琵琶湖に特化した展示を行っていて、上述した滋賀県の博物館構想の一翼を担っているといえる。

昭和六十年（一九八五）に、自然系と歴史系の県立博物館を建設する方針が打ち出され、基金が積まれた。内部で検討の結果、自然系の博物館を先に建設することになって、外部の有識者などに意見を聞きながら長い期間検討がなされた。そうして、琵琶湖の自然だけではなく、琵琶湖とともにあった人の暮らしや治水・利水など人文系の部分も加えられることになった。つまり、琵琶湖の民俗が琵琶湖博物館のテーマに含まれることになったのである。一方、教育委員会では琵琶湖をテーマとする民俗博物館の展示資料を目的に収集が続けられていて、漁具をはじめひととおりの民俗資料は収集されつつあったが、建設される琵琶湖博物館の資料収集はまだ緒に付いたばかりである。そこで、琵琶湖博物館の設計に、すでに収集されている民具が収納できるスペースを組み込むことになった。そうして、平成七年（一九九五）三月をもって文化財保護課が行ってきた民具収集は終わり、収集品は琵琶湖博物館へ受け継がれることになった。収集された琵琶湖の淡水漁撈習俗用具は国指定重要有形民俗文化財に指定される価値を充分に供えている貴重な資料である。

二〇〇六年二月一九日

目次

竹細工・竹製品

藁細工・藁製品

鋳物・打ち物・金属品

染織品・編み物

陶製品

その他（藺草製品・革製品・紙製品ほか）

本書掲載の写真は、特に記載のない場合、滋賀県立琵琶湖博物館の所蔵・提供である。
本文中の市町村名は、平成の大合併以前のものを用いた。左の地図参照。

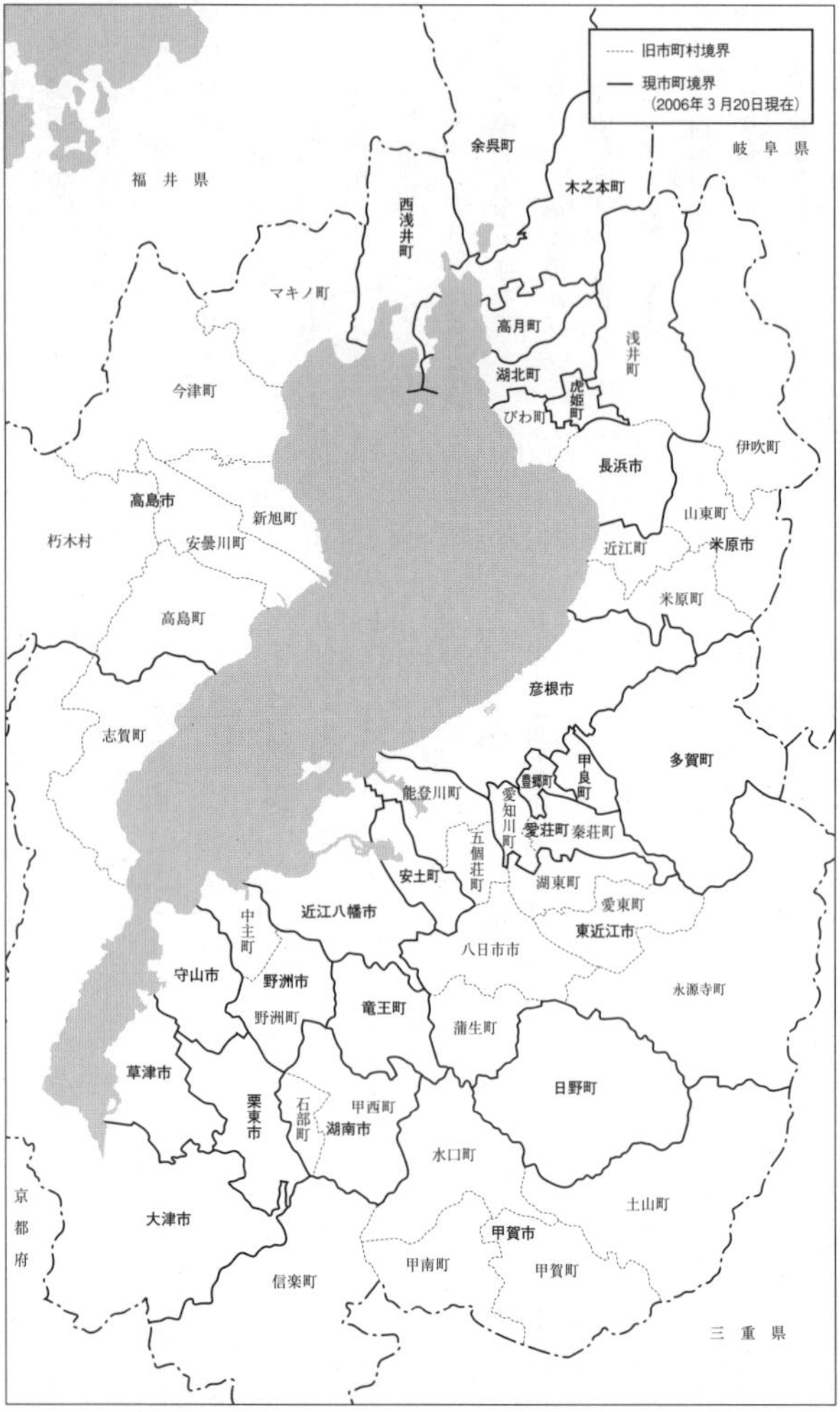

木製品・木工品

キグツ（木沓）

船上で履く漁師の防寒沓

冬から春にかけて琵琶湖は最も漁業の盛んな時期である。春の産卵期をひかえた子持ちの魚が多く、身もしまっていておいしい。しかし、寒風にさらされる湖上での漁は、漁師にとって手がちぎれるほど冷たくつらい作業である。そのような人間の知恵として、経験をもとに、いろいろな工夫が行われた。

キグツもその一つである。網をたぐり寄せて船に引き揚げると、水もつれて上り船底にたまる。こんなときキグツに、藁《わら》すべを入れて素足で履くとても温かかったという。ただ、歩くのには適していないので、船上だけの履物である。

写真上は、米原町で使用されていたもので、能登川町などではビコウ（鼻高）とよぶ。杉材を刳《く》ったのと杉板を合わせて作ったのと二種あり、ゴム長靴が普及するようになってすたれた。

この種のキグツがどの程度普及していたのかは未詳ながら、分布は限られているように思われる。能登川町伊庭《いば》では桶屋が作って販売したようで、木を内刳《うちぐ》りするにはそれなりの鑿《のみ》や鉋《かんな》を準備しなければならない。これと同様の用途で用いられたものに桶グツ（写真下）がある。楕円形の桶の底に下駄を入れた形式で、この方が長靴に近い。

（一九八六・三・七）

（二〇〇五・八・二四）

ゲスイタ（底板）

入浴の際の火傷防止

俗に五右衛門風呂と呼ばれている風呂は、底が鉄釜になっていて、下からどんどん火を焚《た》くと浴槽の湯が温まる仕掛けにしてある。そのまま入浴すると、熱せられた鉄底で火傷《やけど》をしてしまう。これを防ぐため、あいだにゲスイタを沈め、これを敷いて入浴する。風呂から上がるとゲスイタは浮き上がって中蓋《なかぶた》となり、保温の役目を果たす。体重の軽い子どもなどが端に乗ると、強い浮力が働いてゲスイタが浮き上がることがあり、これを防ぐため、風呂の底近くに木片を取り付けてゲスイタをこれに挟んで浮上しないようにした。

弥次喜多で知られる『東海道中膝栗毛《ひざくりげ》』では、上方《かみがた》で流行《はや》っていた五右衛門風呂に小田原ででくわし、浮いていた底板を取りのけて下駄《げた》を履いて入浴し、ついには風呂の底を抜いてしまう滑稽《こっけい》を演じている。いわば異文化との遭遇である。ここでは「底板」と書かれており、「草津大津あたりより皆この風呂なり」とある。なお、坂田郡では「浮き蓋」と呼んでいた。

ゲスイタは、入手しやすいスギやヒノキの板材を二、三枚継ぎ足し、裏に桟木《さんぎ》をあてて製作するが、本品は厚さ二チセンの一枚板で作られた上等なゲスイタで、直径六一チセンある。

（二〇〇五・四・一二）

ハリイタ（張り板）

乾燥とアイロンを一度に

衣類の洗濯は、下着も含めて家庭用電気洗濯機で洗うかクリーニング店へ依頼する。洗濯機がなかった時代、着ていた和服を縫い返すときは、いったん縫い合わせてある糸をほどき、裂《きれ》に戻して手洗いする。その後、水に糊《のり》を溶かした液に漬けて糊付けをし、写真のハリイタにゆるみがないように伸ばして張り付け、日なたに出して乾かした。そうすると、しわも伸びてきれいに乾燥した。これを縫って元の着物に仕立て直すのである。今から考えればたいへん手間な作業を行っていたのであるが、その中でハリイタは乾燥とアイロンあてを一度にすませる優れものであった。

洗濯用洗剤が発達していなかったころは、汚れが落ちやすいように洗った後には必ず糊付けをして干した。糊が付いているとハリイタにも張りやすく、乾いた後もはがすまで密着している。

写真のは余呉町で用いられていたもので、このあたりでは嫁入り道具の一つとして必ず持参したという。筆者（大阪府出身）の家にも同じ物があって祖母が洗い張りをしていたのを覚えている。大阪くらしの今昔館では、近世の展示室に洗い張りした状態でハリイタが立てかけてあるが、ハリイタの上部両端に脚が付いたのや幅広のもので形状が異なる。（二〇〇五・五・二七）

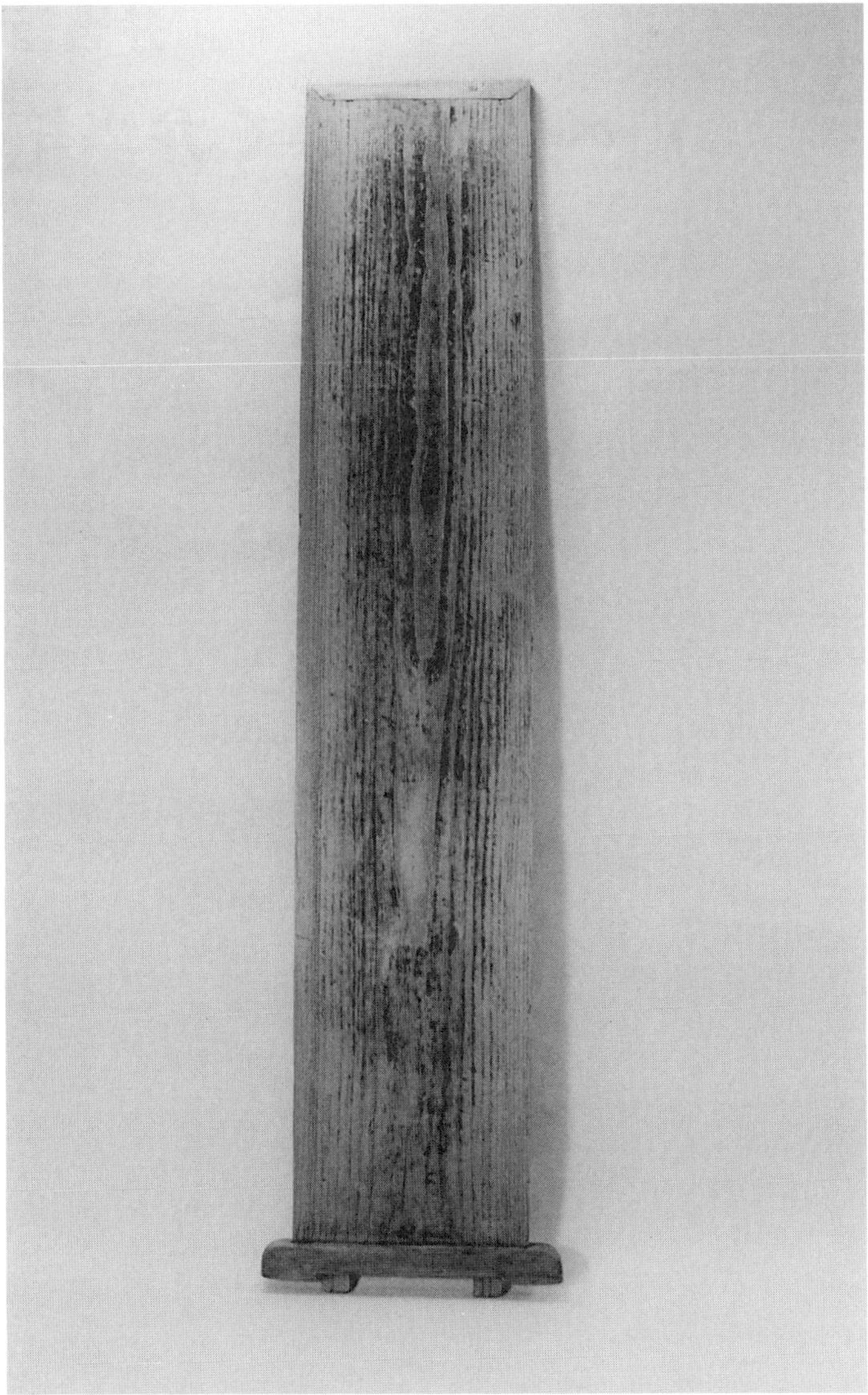

弁当箱

田へ持っていく弁当箱

一日に三度、食事をとるようになったのは、そう古いことではない。歴史的には江戸時代にはいってからの習慣で、それまでは朝夕二回が通常であった。しかし、労働の激しい農繁期には、昼食のほかにも午前と午後に食事をしたので、その回数は日に四、五回にものぼった。つまり、朝食、マエコビル、昼食、コビル（大津市や信楽町ではケンズイという）、夕食の順で、朝夕以外は家へ食べに帰る時間も惜しんで仕事にはげんだ。このため、弁当箱や飯櫃《びつ》に入れて田へ持って行き、田の畦《あぜ》などで食べた。

写真は、湖南地方で用いられていた自家製の箱で、大きさは、幅一四《セン》チ、奥行き二六《セン》チ、高さ二六《セン》チで落とし蓋《ぶた》がついている。この中に、一升の飯と味噌《みそ》、漬物、めざし程度のおかずを入れた。（一九八六・五・二三）

個人用の弁当は、メンツウ（面桶）、メンパなどと呼ばれる小判型の曲物《まげもの》で出来ている。身と蓋の双方に御飯を詰め、その間におかずを入れ、蓋に詰めた御飯はコビルに食べた。漬物や梅干など塩分の強いおかずで多量の飯を食べて腹をふくらせた。（二〇〇五・八・一六）

弁当箱

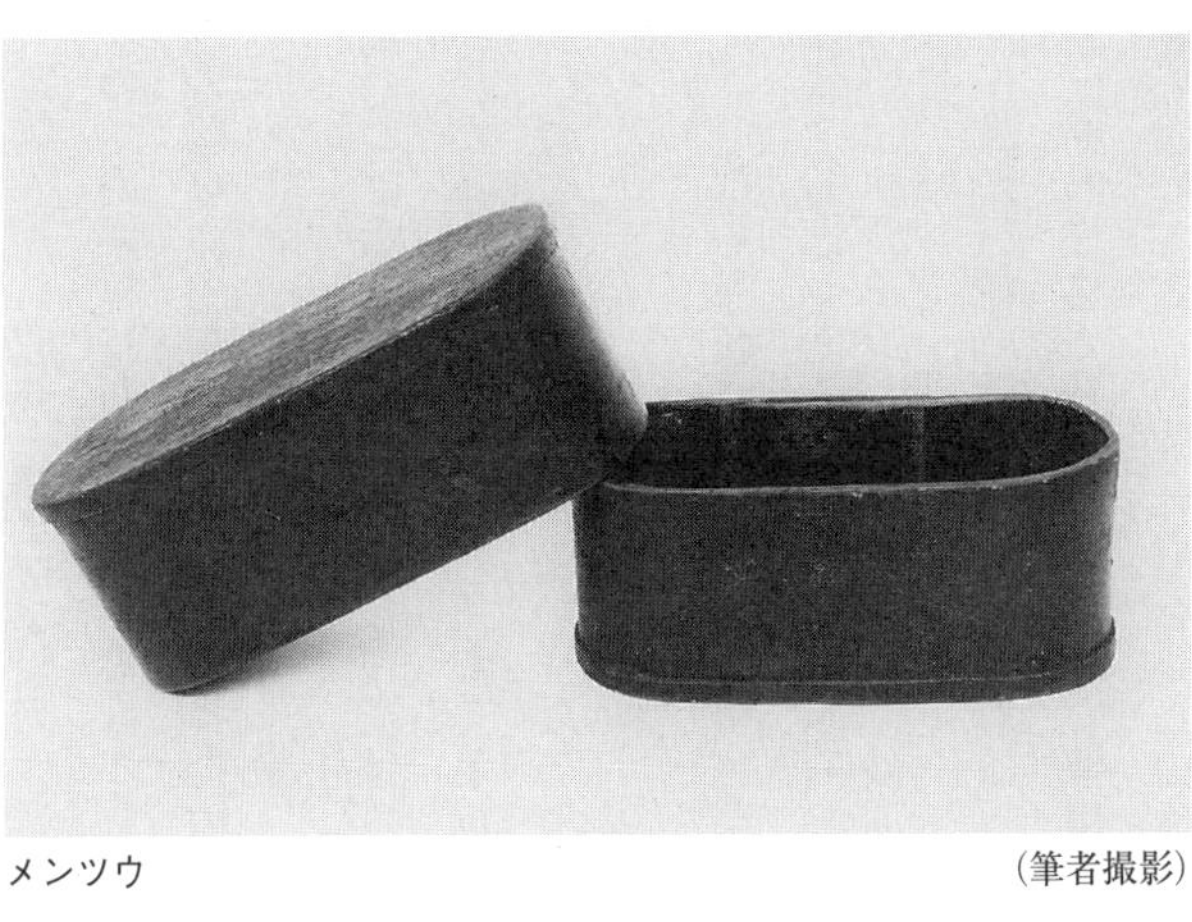

メンツウ　　　　(筆者撮影)

チャダル（茶樽）

保温性に優れた水筒

農業が機械化する以前、鍬《くわ》や鋤《すき》を用いた耕作から収穫に至るまでの作業はつねに厳しい肉体労働をともなった。このため寒い時期の農作業でも汗をかくので十分な給水が必要であった。田畑の仕事に出るとき持っていったのがチャダルである。

チャダルは、杉または桜の木で作ったいわば水筒で、写真は杉の柾目《まさめ》の板を用い、地元の桶屋《おけや》が作ったものである。お茶を沸かして入れておくと保温性に優れ、お茶が冷めにくかったという。魔法瓶のポットのなかったころの庶民の知恵である。

角樽《つのだる》形式で上に渡した貫《ぬき》（横木）で提げて持ち運びでき、斜めに切った細竹を差して飲み口を付けている。形態は異なるが、飲み口の付いた水筒の形式は現代の製品にも生かされているのではないだろうか。

飲み口は抜くこともでき失わないように貫から紐《ひも》で縛ってある。形は祝い樽に似ているが、塗りも施されておらず白木のままで長浜市国友町で使用されていた。近隣の農家でも時々所有していたが、どこの家にもあるというほどに普及したものではなかったらしい。上径一五㌢《センチ》、底径一二㌢《センチ》のやや底すぼみ形で、高さは二二㌢《センチ》あるので約二・五㍑《リットル》入る。（二〇〇五・二・二五）

キジバチ（木地鉢）

籾や米をすくう器

盆や椀《わん》などの木工品を製作しながら、その材となる木を求めて全国を漂泊した木地《きじ》屋の根元地は、永源寺町の山中にあるという。江戸時代、同町蛭谷《ひるたに》と君《きみ》ケ畑《がはた》では社寺の修理などに際し、氏子狩《うじこがり》と称して諸国に散在する木地屋を訪ね歩き奉加《ほうが》や烏帽子《えぼし》料を集めた。このことが木地屋たちに氏神は近江国にあり、自分たちの先祖はそこから出て国々を渡り歩いていると認識させたのであろう。

木地屋は近江各地にもいたようで、一部は定住して集落を形成した。写真のキジバチは、余呉町奥川並《おくこうなみ》で採集した。すでに昭和四十四年（一九六九）に集団移転していたが、その廃屋にあったものを所有者に断っていただいたものである。口径一八センチの木鉢で、籾摺《もみす》りの籾を臼に入れたり、米搗《こめつ》きの米を臼からさらえたりするときに用いたという。

奥川並も木地屋の集落だったとみられ、カエデ科の細い木を薄く裂いて籠《かご》に編み、近在へ販売していた。農業のかたわら雪の期間は家から出られずナイフ一本で木籠作りに励んだ。ロクロと鉋《かんな》を用いて円形の器物を成形するロクロ木地屋がいたと伝わる地も近くにあり、そうした木地屋から買うか、物々交換して入手したため、キジバチと呼んだものと思われる。木地屋にもいろんなタイプの仕事があったのである。

（二〇〇四・一一・一二）

セイロ（蒸籠）

積み重ね糯米蒸す

近ごろすっかり餅《もち》を食べる機会が少なくなったが、正月だけはたとえ形式的にでも鏡餅を供え、雑煮餅を食べて新年を祝うだろう。餅を買って食べる人が増えるとともに電気餅搗《つ》き器の普及で、御飯の蒸し上がったにおいと杵《きね》の音を響かせて餅を搗く風景は見られなくなった。それでも湖北のオコナイではまだセイロで糯米《もちごめ》を蒸して昔ながらに竪杵《たて》で餅を搗いているところがある。次々と搗き固めて大鏡餅に仕上げるには、セイロを何段にも積み重ね、続いて蒸し上げるようにしなければならない。手杵で餅搗きしていたころ、正月前の餅屋でも注文をこなすためアルバイトの搗き手を雇い、セイロをいくつも重ねていたのを思い出す。

このほか赤飯を蒸すときにもセイロを用いる。餅や赤飯などハレの食物を作るときだけセイロが使用されるかのようであるが、御飯を炊飯する以前は毎日蒸して強飯《こわめし》を食べたというから常用していたのである。

セイロには円形と方形とがある。写真上のような曲物《まげもの》は、薄く剥《は》いだヒノキ材を丸めて、合わせ目を桜の皮で綴《と》じたもので直径三三チ《セン》、方形は木枠を井桁《いげた》に組んだ指物《さしもの》である。

（二〇〇五・一二・一一）

指物のセイロ　(筆者撮影)

ウス（臼）

餅を搗く臼・穀物を粉砕する臼

ほんの三、四十年前までは、正月が近づくとどこの家からも餅を搗《つ》く杵《きね》の音が朝早くから聞こえてきたものである。これでようやく待ちこがれていた正月が来ると思い、子供心に正月を実感したが、近頃は仕事が休みになる以外は音やにおいや物で正月の訪れを感じることが少なくなった。それで筆者の家では暮れの三十日に皆が寄って今も三十キロ近い餅を臼と杵とで搗くことにしている。

臼は種々のものを粉砕《ふんさい》する道具で、搗き臼のほかに摺《す》り臼・挽《ひ》き臼などがある。米を精白する唐臼や水車の力を利用した臼は搗き臼の一種であるが、餅搗きと同じようにして米搗きをしたところがあった。唐臼は、杵にシーソーの原理を応用したもので、土間の隅などに常設し石臼が地面に埋め込んであった。米搗き臼も底に石が埋めてあり、そこに米が集まるよう少し窪《くぼ》ませてある。餅搗き臼と異なるところは、搗いたとき米が飛び散らぬように上縁部をすぼませて内刳《うちぐ》りしてあることである。これに比べて餅搗き臼の凹部は浅く、木目の美しい欅《けやき》材の臼を見掛けることが少なくない。

製作工程を簡単にまとめると、伐採して数年は木を枯らし、胴切りしたあとも一年あまり寝かせて充分乾燥させてから、外側のシラタを削《そ》ぎ落として赤みの部分だけを利用する。臼の中心を決めて搗き穴を斧《おの》や手斧《ちょうな》で内刳りし

マキノ町知内の米搗き臼　（筆者撮影）

鉋《かんな》で仕上げる。臼の裏底も縁を残して削り透かしておく。凹部は除いて柿渋を塗ると防腐効果がある。

県内の餅搗き臼を見ると二種類の形態に分けることができる。湖北地方では胴にくびれがあり、くびれから下は面取りをして八角形に仕上げてある。一方、湖東や湖南地方の臼は寸胴《ずんどう》もしくは太鼓の胴のように中程が丸く張っていて、両脇に持ち手を刻むものである。

餅搗きに使ったかどうかは別として、くびれ臼は静岡市の登呂《とろ》遺跡をはじめ弥生時代の遺跡から出土していて竪杵を伴い、稲作とともに日本へ伝えられたとされているが、くびれのない胴臼は近世になって横杵とともに普及した（『日本民俗大辞典』）という。オコナイでは棒杵で餅搗きをするので、湖北の臼はくびれ臼かと思って甲賀のオコナイを見ると、やはり棒杵で胴臼を搗いている。くびれ臼と胴臼の地理的な境目はどの辺りになるのであろうか。

電気餅搗き器が普及し、できあがった餅を店で買う時代になったが、正月にはなくてはならぬ餅である。臼に注連縄《しめ》を巻いて餅などを供える習俗はすっかりすたれたと思われるが、道具に対する感謝の気持ちだけは持ち続けたいものである。

（二〇〇一・一・一）

寸胴の米搗き臼（筆者撮影）

横杵

ミソツキキネ（味噌搗き杵）

蒸した大豆を砕く杵

満月にはウサギが餅《もち》を搗《つ》いているのが見えるといわれ、幼いころにはじっと月を見たものであるが、そこで用いられている杵《きね》は、必ず両端が太く中程が細くなった竪《たて》杵として絵に描かれている。電気餅搗き機が普及した今日、杵で搗くことすら少なくなり、まして竪杵は湖北のオコナイの餅搗きに使用する程度になった。それも次第に横杵に変わりつつあるとも聞く。

味噌を作るときの、蒸した大豆は杵で搗いて潰《つぶ》した。味噌の作り方は、各家庭によって異なり、冬の味噌はゆるく、夏越《なご》しの味噌はかたく搗くという。写真のものは、長さ一・一七メートル、両端の直径六センチ、重さ一・八キロの味噌搗き杵で樫《かし》材でできている。餅搗き用の杵に比べて小さく自然の枝を利用したためか、真っすぐではない。山東町志賀谷《しがや》で採集。

食料の自給比率の高かったころ、味噌造りは嫁の重要な仕事で、嫁入り前までに習得しておかねばならない技術の一つであった。充分搗いたつもりでも汁に入れると豆のままのが残っている。専用の大きな味噌杓文字《しゃもじ》があり、搗いた豆を三杓子半で味噌桶に移すことができるとよいとされた。近頃は各地に味噌造りのグループが誕生しておいしい味噌が造られている。

（二〇〇五・八・一七）

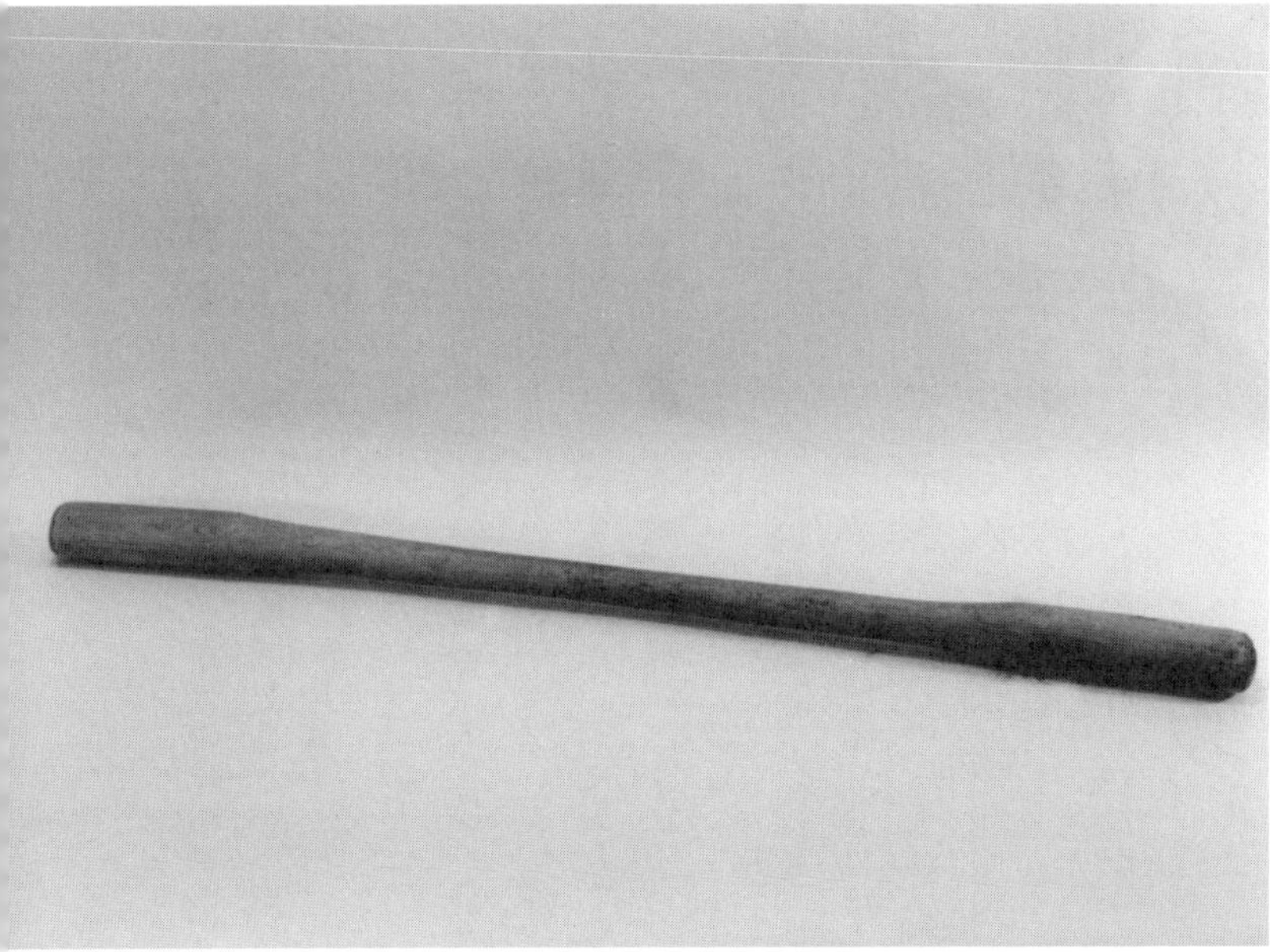

ミソダル（味噌樽）

一年分造り、味楽しむ

大豆を収穫すると、農村では一年分の味噌を造る。現在もグループなどを組んで自家製味噌を造っている地域もあるが、かつては家ごとに微妙に異なる味噌造りが姑《しゅうとめ》から嫁へ受け継がれていた。

以前に能登川町で味噌の造り方をうかがったことがある。その家は七人家族で八升（一四・四㍑）ほどの味噌を造る。大豆は一晩水に漬けておき、その水で大豆を炊くと豆が赤くなり、赤味噌ができる。豆の水を十分切ってから蒸籠《せいろ》で蒸すと豆は白くなり、白味噌になるという。臼に入れて豆の形がなくなるまで搗《つ》く。

豆に対する糀《こうじ》の比率、それに塩加減が家によって異なり、その家では、豆二升に対し糀三升の比率にしたが、豆の二倍の糀を入れることもある。塩の量を、正月ごろ食べるのは三合（〇・五四㍑）、五月ごろ食べるのは四合、夏越しは五合加える。冬は少し甘い味噌、夏は塩のきいた味噌を食べることになる。糀と塩をまぶして搗いた豆の中へ入れ、豆の煮汁を加えてさらに搗く。よく混ざったところで大きい杓文字《しゃもじ》で味噌桶《おけ》に押さえつけるように入れて貯蔵すると一カ月後には食べられる。

写真の味噌桶は永源寺町で使用されていたが、なぜか桶といわずミソダルと呼ばれていた。口径五〇㌢、底径四五㌢、深さ七〇㌢でわずかに尻すぼみの桶である。

（二〇〇四・一二・三）

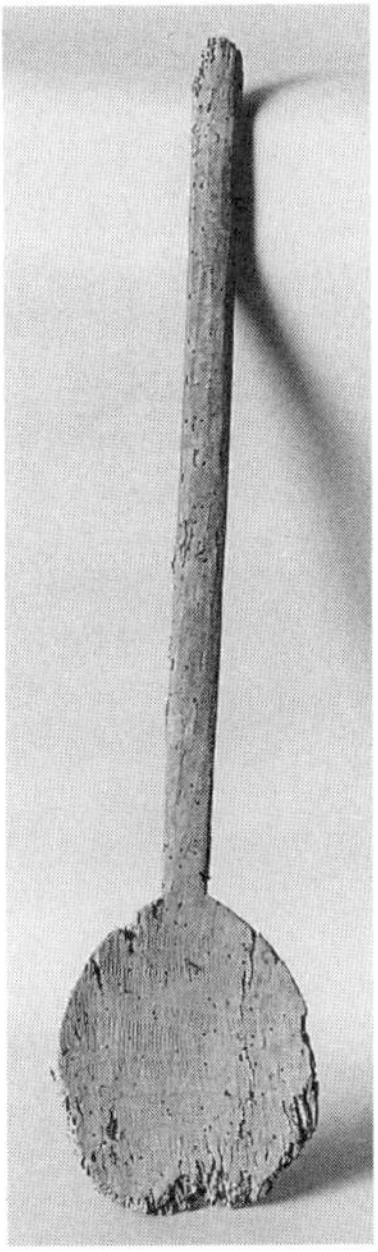

■37　ミソシャモジ（筆者撮影）

イモアライ（芋洗い）

水桶で里芋かき回す

蕪村《ぶそん》の句に「十五夜の頃《ころ》よりこゆる子芋《こいも》かな」がある。中秋の名月は旧暦八月十五夜の月をいうが、現在の太陽暦ではひと月余りも遅く、今年は九月二十八日であった。

この日は別名芋名月ともいい、月に里芋を供えるところが少なくない。おそらく暦の普及しなかった時代に十五夜が里芋の収穫期を知る目安となり、初芋に収穫の感謝をこめて供えたものと思われる。サツマイモやジャガイモに比べ、はるかに古くわが国へもたらされた歴史性のある芋であるから、各地の行事に用いられ、正月には欠かせない食材となっている。

里芋は湿気のある畑か水田で栽培されるので、掘り起こしたとき泥土にまみれている。とりわけ親芋の周囲にできる子芋は小さく数も多いことから、ひとつずつ土を落とすのは大変な作業となるので、水桶《おけ》などに入れイモアライで掻《か》き回して泥土を落とし皮をむく。径八《セン》《チ》余りの木を半割りして長さ一八《セン》《チ》に切り、これに長さ八八《セン》《チ》の柄を差し込んだ自家製民具である。

里芋の健康食としての効用が説かれながら、皮をむいたときの粘りが嫌われ、焼いたり揚げ物にするには不向きなことから敬遠されがちであるが、里芋が旬の時期ぐらいはしっかり食べたいものである。（二〇〇四・一〇・一）

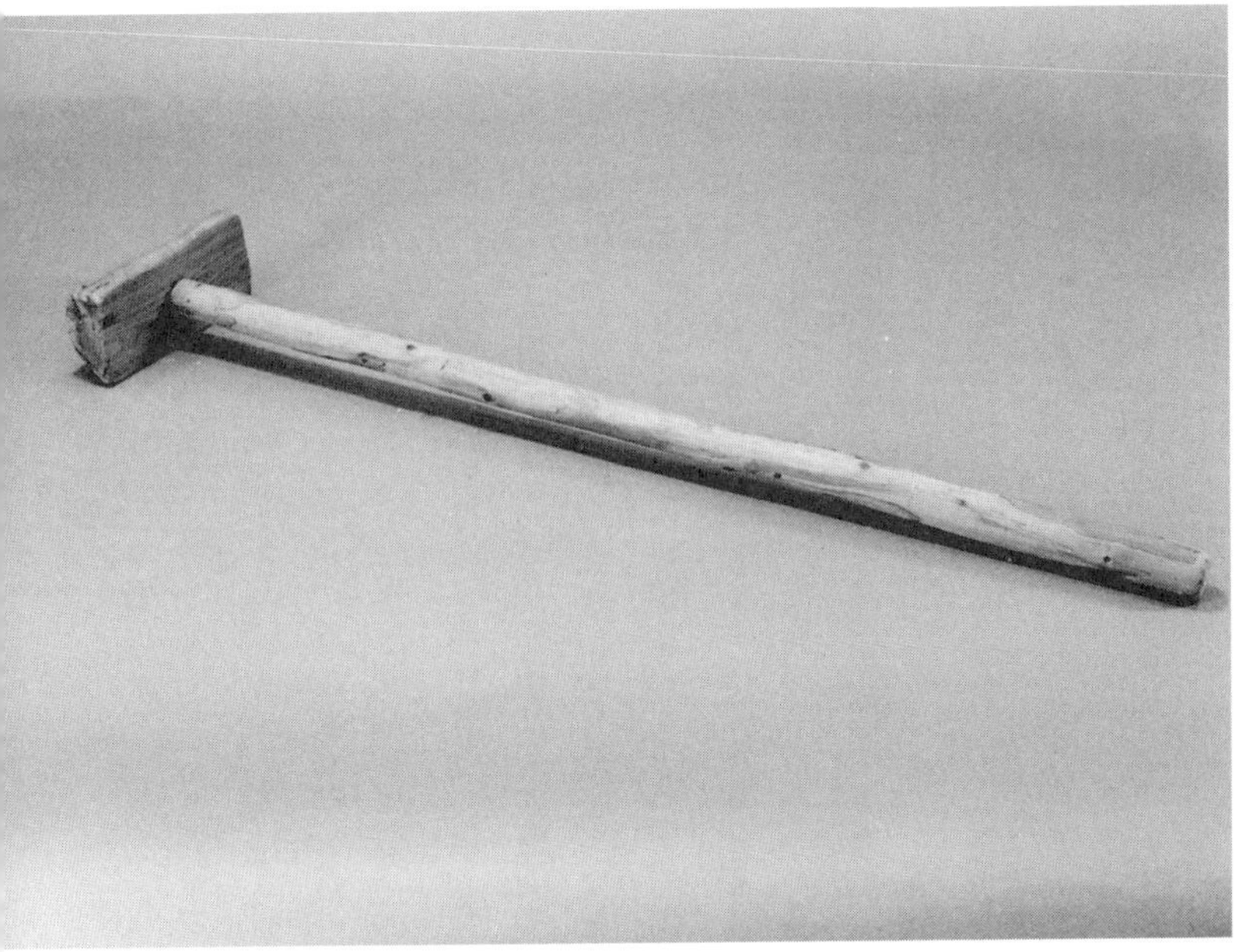

田植え枠

転がして跡をつける

近ごろは田植えの時期が早くなり、黄金週間《ゴールデンウィーク》を過ぎると大半の田に早苗《さなえ》が植えられている。五月のことをサツキというように、旧暦五月はサの月で、サと呼ばれた田の神の協力を得てサ乙女がサの苗を植える。サは天から下りてきて田植えが終わると天へ昇ると信じられていたのか、サオリ・サノボリの語があり、サナブリは野休みを指す。今年は六月十八日が旧暦五月一日にあたり、もとは六月中旬から下旬が田植えの盛期であった。

田植え機による田植えが一般的となったが、一九七〇年代までは県内でも女性が中心となり一株ずつ苗を植えた。まっすぐ条《すじ》植えするために、棕櫚縄《しゅろなわ》を張って植える方法がとられたが、一部では田植え枠が用いられた。写真で紹介したのは六角形（長さ約三・六メートル）だが、ほかに八角形や円形もあり、転がして田に跡をつける。枠には横の桟木《さんぎ》があり、縦横の筋《すじ》の交点に苗を植えていく。

田植え枠は、地域によって田植えの初心者が用いたり、ベテランが使ったりした。初心者には植える位置がわかりやすく、ベテランには縄を張り替える手間が不要で、枠を回転させながら植え続けることができた。

（二〇〇四・五・二八）

ジャグルマ（蛇車）

足で踏んで田に揚水

田植えが終わると水の管理が重要になる。好天が続くと田の水は蒸発してすぐに減り、モグラやザリガニが穴を空けて水を抜くこともある。取水する川や池との間に段差がある水田では「水替え」作業をしなければならない。揚水《ようすい》用具にはさまざまなものがあるが、ジャグルマは比較的ポピュラーな揚水機である。

ジャグルマは、羽と鞘《さや》部に分離でき、水替えする田まで一人で担いで行ける。鞘は杭《くい》を打つなどして固定し、羽の両側に長い竹ざおを立て、これを支えに羽の上に立ち、足で強く踏むと羽が回転して水が揚がる。ちょうど羽の上を歩くようにして羽を後ろへ踏み続ける。一メートル近い水位差まで揚水ができ、樋《とい》の先が浮き上がらぬよう重石になる物を置く。

大蔵永常《おおくらながつね》の『農具便利論』は「踏車」の名称を用い、「五尺（一・五二メートル）の車にて踏めば一羽にて水四、五升（七・二―九リットル）ずつはあがるなり」とある。琵琶湖の水をくみ上げていたところでは、水位が下がるとジャグルマを二台つないで用いたが、揚水できる量はわずかだったという。ヒノキ材で作られた高価なもので、地主が貸し出し、共同利用されていた。

（二〇〇四・六・四）

「ふミ車にて水を揚る図」。左の板（樋の先）の上に、水を汲んだ桶を重石として置いて、バランスをとる
「日本農書全集」第15巻『農具便利論』（農文協刊）より

フグセ（堀串）

菜種を植える掘り棒

『万葉集』は、雄略天皇の「こもよ　みこ持ち　ふくしもよ　みぶくし持ち　この岡に菜摘ます子（下略）」という歌から始まる。籠《かご》を持ちフクシを持ち菜を摘む娘よといった意味であるが、ここでフクシとは菜を摘む竹べらなどの掘串《ほりぐし》のことである。中部地方をはじめ広い地域で、草取りをする先のとがった竹片をホグセとよび、徳島県祖谷山《いや》では、大豆を蒔《ま》く穴あけの木串をフグシとよんでいる。

写真のフグセもこの一種で、湖東地方の裏作に菜種《なたね》を盛んに栽培していたころ、右手にフグセを持ち穴をあけ、左手で苗を移植するのに使用した。鋤《すき》の柄《え》を転用したと思っていたら、明治五年の農具絵図に描かれている。

掘り棒は最も原始的な農具とされる。イモ類を主作物とするオセアニアでは、唯一の農具が掘り棒で、これでイモの植え付け、除草、収穫を行う。

（一九八六・四・四）

掘り棒の先に金属が被せられ、手の力を補うため足を掛ける部分を付加したのが鋤だとされる。『農具便利論』には「穴つき」が紹介されていて、これは綿作の中に穴を突きあけ、油糟《あぶらかす》や干鰯《ほしか》を入れたあと土を被う。また芋を植えたり大豆を播く穴をあけるのに用いるとある。長さ杖丈というから少し長い、先に径一寸九分（約五・七センチ）、長さ五寸（約一五センチ）の金属を被せた図が画かれてある。

（二〇〇五・九・一）

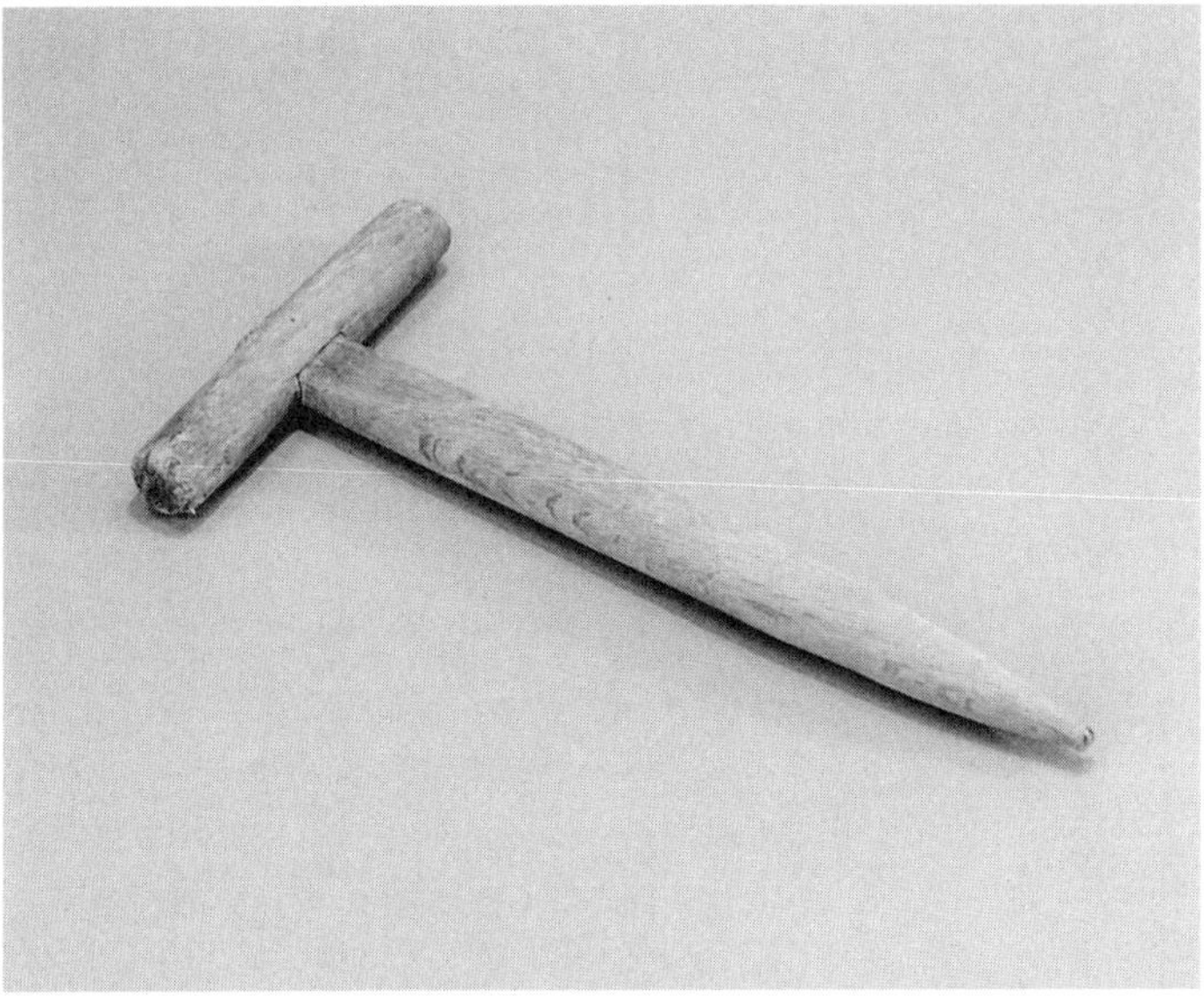

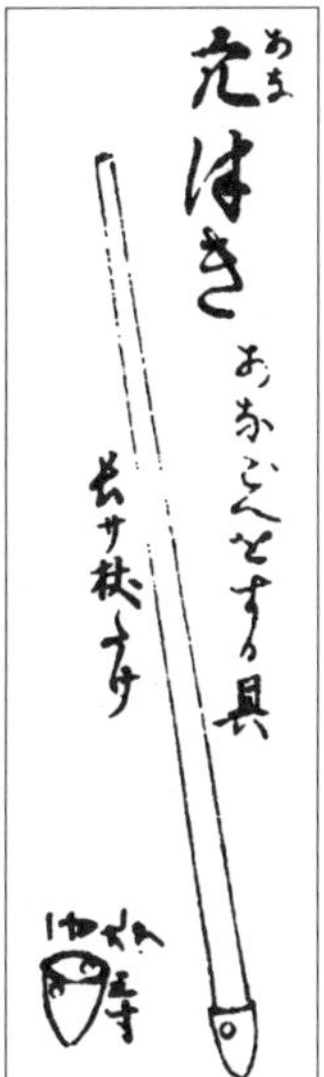

穴つき
「日本農書全集」第15巻『農具便利論』（農文協刊）より

ミズモチションボケ（水持ち小便桶）

畑に散水する桶

琵琶湖の湖岸は、寄せる波と流入する河川が運んだ土砂とによって、砂地の肥沃《ひよく》な畑地が形成されている。そうしたところは、水田よりも野菜などの畑作に適しており、草津市の山田地区とか、坂田郡の湖岸などでは、作物を近くの町へ出荷していた。

しかし夏の乾燥期は、農作物に毎日水を注いでやらねばならず、そこで考案されたのが底抜け担桶《たご》である。ミズモチションボケは、米原町磯《いそ》での呼称で、ションボケは小便桶《おけ》が訛《なま》ったものと思われる。

桶に水をくんだり、その水を杓《しゃく》で注ぐ作業を省力化しており、用法は、次頁の図のように二つの桶を担《にな》い棒で担《かつ》いだまま湖水にはいり、底を合わせるようにして水を入れ、畑まで運び、灌水《かんすい》するときは、桶の端についたテを引くと底の栓が開き、水が出るようになっている。（一九八六・八・一九）

口径が三四センチ、底径が三一センチであるからほぼ円筒形で、高さは三六・五センチと意外に小さい担桶で、天秤棒も短いのを用いる。底の栓を抜いたときの穴の直径は三・五センチあり、割と大きな穴から水が出ることになる。何度も湖水と畑を往復したのであろう。地元の桶屋が製作したもので、この形式の担桶は彦根市から長浜市の湖岸地域で使用されていたという。（二〇〇五・八・一六）

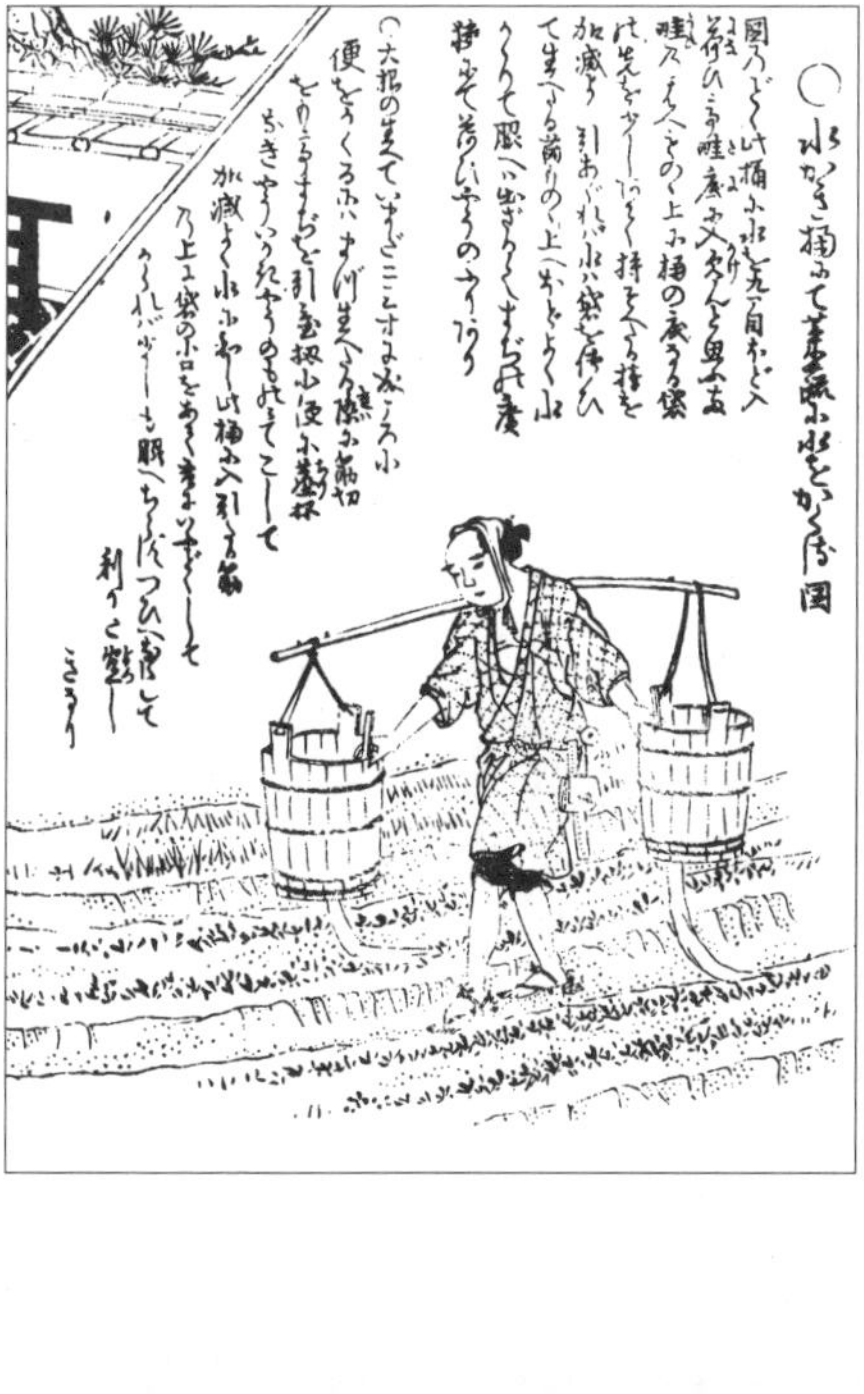

「水かき桶にて菜蔬に水をかくる図」「日本農書全集」第15巻『農具便利論』（農文協刊）より

ヤタカチボウ（ヤタ搗ち棒）

籾を打ち落とす

野球のバットのような、この太く重い丸太棒をはじめて見たときは、いったいこれは何をするものだろうと思った。原始時代に獣《けもの》の狩猟か戦に用いた武器が、あまり形を変えないで現代まで伝えられたかのようだ。

使用法は脱穀後に籾《もみ》のついた稲穂を、これで打ち落としたり、筵《むしろ》に広げて天日乾燥した豆類の脱穀に用いる。

一般には稲扱《こ》きした籾の中から取り除いた藁《わら》くずをヤタといい、ヤタタタキの語がみえ、関東一帯ではボウチボウ（穂打ち棒）、信州ではタタキボウという。

（一九八六・一一・七）

写真のヤタカチボウは、長浜市国友町で用いられていたもので、センバ（千歯扱き）で稲扱きしたあとのヤタ（籾）をこれで叩いて不用物を除去するほか豆打ちなどにも用いた。これ以外にも、いろいろなことに使える農家の必需品として近隣の農村でも見られた。全長一一一センチ、太いところで直径一〇センチ、握りの部分で直径四センチ、重さは三キロを測る。三キロの棒を上げ下ろしする作業はたいへんなものと推測されるが、これを改良して腕の負担を軽減したのが次のヤタウチで、柄を竹にして軽量化をはかっている。

（二〇〇五・九・六）

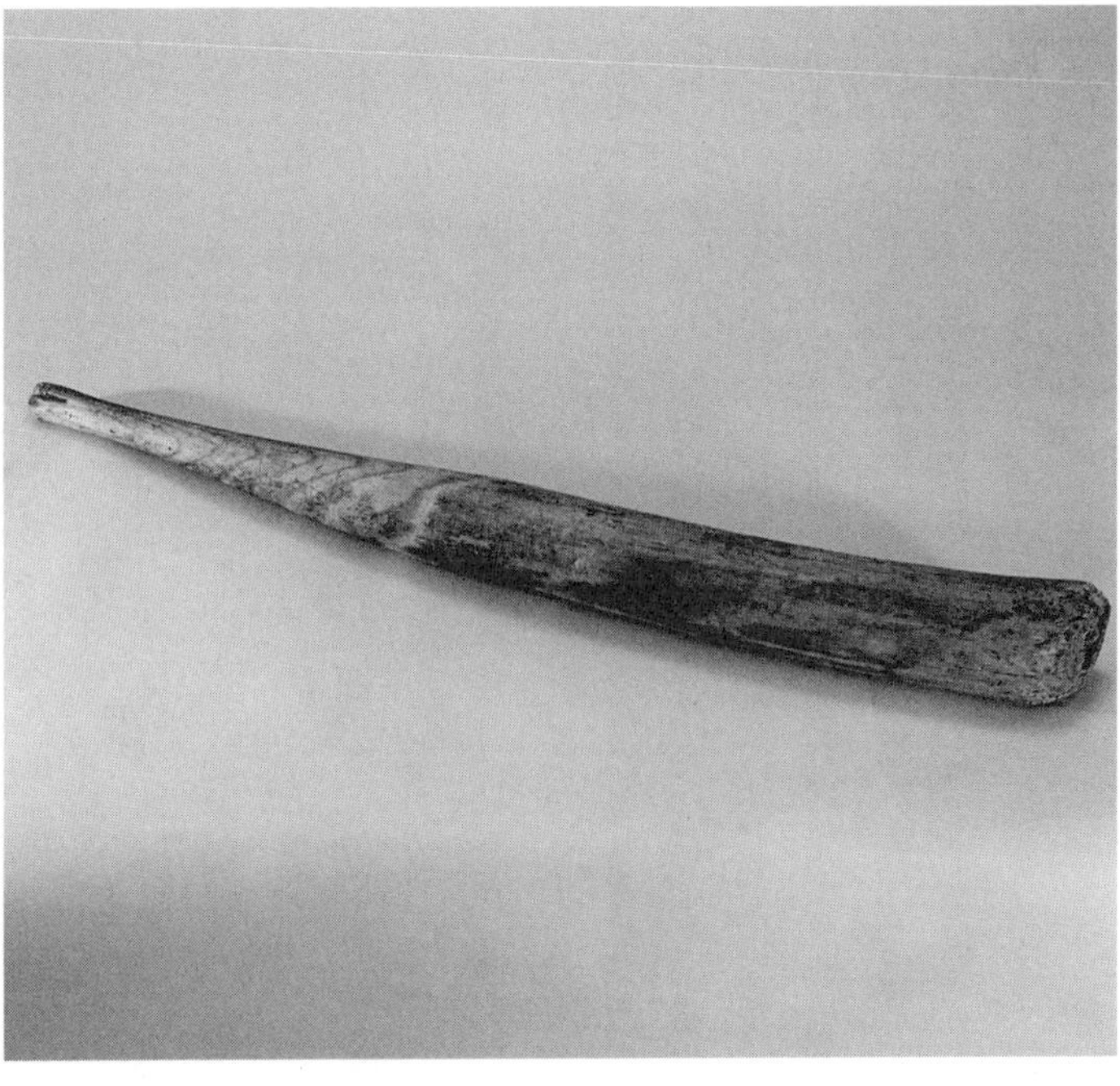

ヤタウチ（ヤタ打ち）

稲穂や大豆打ち脱粒

ヤタウチは、山東町志賀谷で採集された脱穀用具である。筵《むしろ》の上に広げたヤタや、莢《さや》に入っている大豆、小豆、菜種を打つのに用いられた。

ヤタウチのヤタとは、籾《もみ》が脱粒されず稲穂の状態にあるのをいう。近江八幡でも「米麦の穂先をヤタという」（柳田国男『分類農村語彙《ごい》』）。確かに『日本国語大辞典』には、ヤタは方言として掲載され、「①稲の穂をこいた時のわらくず。もみのついた穂先」とあり、静岡県志太《しだ》郡、飛騨、岐阜県揖斐《いび》郡徳山、三重県一志《いちし》郡境とともに滋賀県蒲生郡が分布地に上がっているから、かなり広い範囲で使用されてきた言語といえる。このほかヤタは「②もみがら③豆のからのさや④牛馬の飼料。まぐさ」の意味でも用いられる。

豊作と米消費の低迷、それにともなう余剰米の発生が繰り返され、米粒を大切にしない風潮にあるが、我々の祖先は藁《わら》くずの中の少しの穀物さえ無駄にしない農業を行ってきた。ヤタウチを振り上げて脱穀する農作業は、農機具の著しい発達により片隅へ追いやられ、ヤタウチは不要品の運命をたどって田んぼの小屋で抜き板と壁の間に立てかけて残されていた。

長さ三四センチ、直径七センチの檜《ひのき》の打部に、竹の柄《え》を付けた全長九七センチ、重さ九二〇グラムを測る簡素な作りの自家製民具で、寄贈者の父が作ったものという。

（二〇〇四・一一・二六）

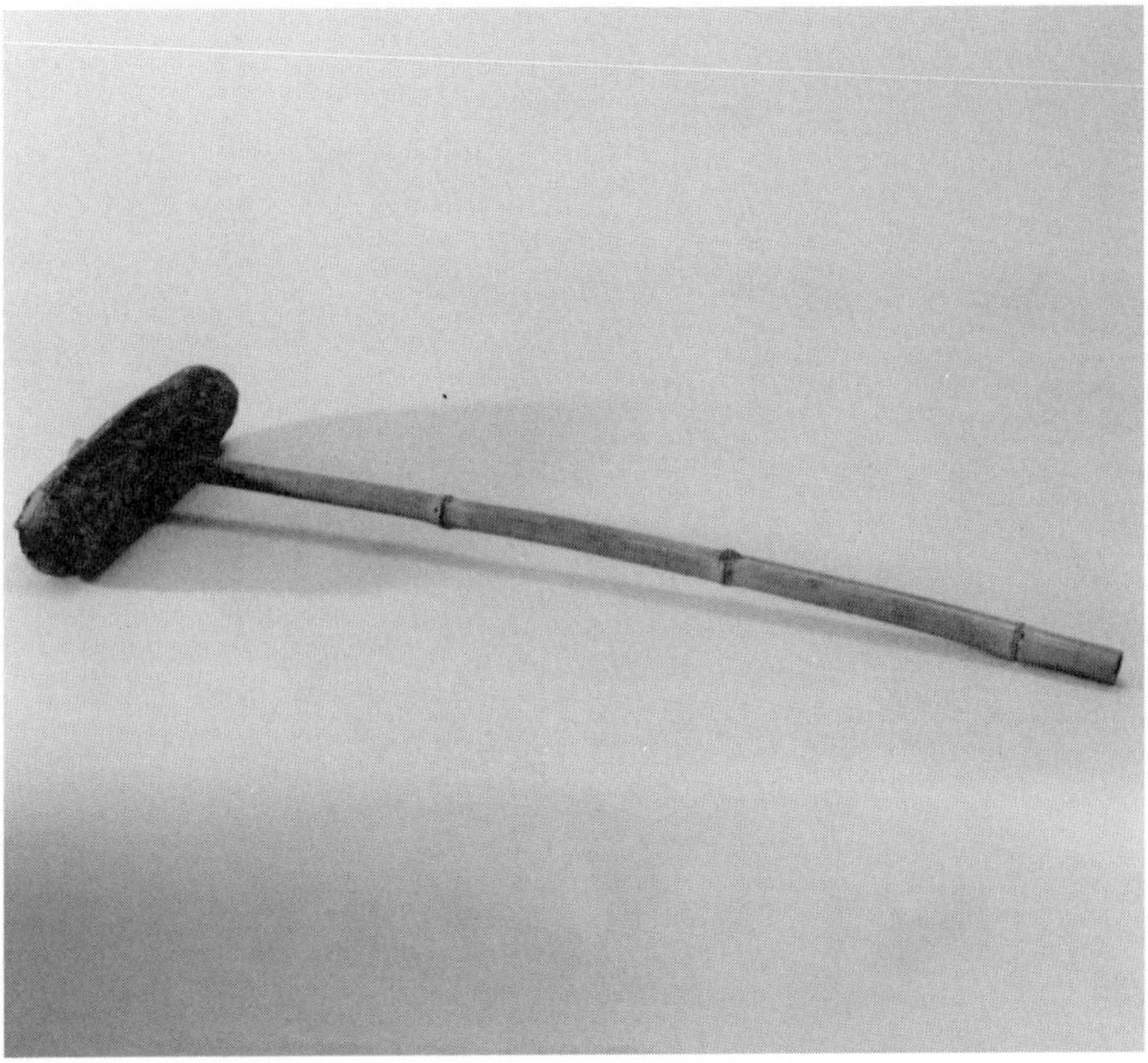

トウミ（唐箕）

風を起こして選別する

唐箕は、穀物に含まれる藁《わら》くずなどの夾雑物《きょうざつ》を、風力を利用して、重力差により吹き飛ばして選別する農具である。呼び名からして中国から伝来したことを窺《うかが》わせるが、明代末の崇禎《すうてい》十年（一六三七）に宋応星《そうおうせい》が書いた『天《てん》工開物《こうかいぶつ》』という書物には、風扇車という名称で唐箕によく似た図が描かれている。わが国へは元禄ごろに伝えられるが、ずっと後になって一般に普及し、使用されるようになった。

西日本では大阪の農人橋《のうにんばし》あたりが拠点で、ここから各地へ販売され、地方でも唐箕大工が製造した。本県では、明治五年（一八七二）の書上げに、販所として甲賀郡和田村弥兵衛、愛知郡目方《めかた》村長太夫の名が見え颺扇《ようせん》およそ価金二両とある。颺扇の語は、北宋の梅尭臣《ばいぎょうしん》（一〇〇二―一〇六〇）の漢詩にみえるので、唐箕の原型はそこまで遡《さかのぼ》るとされる。（一九八六・一一・一四）

明治五年、蒲生郡十五区十六区（日野町の一部）から県庁へ差し出した「農具粗絵図書上帳」には、颺扇（唐箕）のほかに、篩《ふるい》（千石篩）、犂《からすき》、馬鍬《まぐわ》、土臼《どうす》、稲コギ（千歯扱《こ》き）、豆コギ、前棹《まえざお》、横棹、鎌、フグセ、鋤、鍬、股鍬、箕、簏（篩）、筵《むしろ》、トンビョウシ、モッコなどが描かれていて明治初期に湖東地域で用いられていた農具がよく分かる。（二〇〇五・九・二）

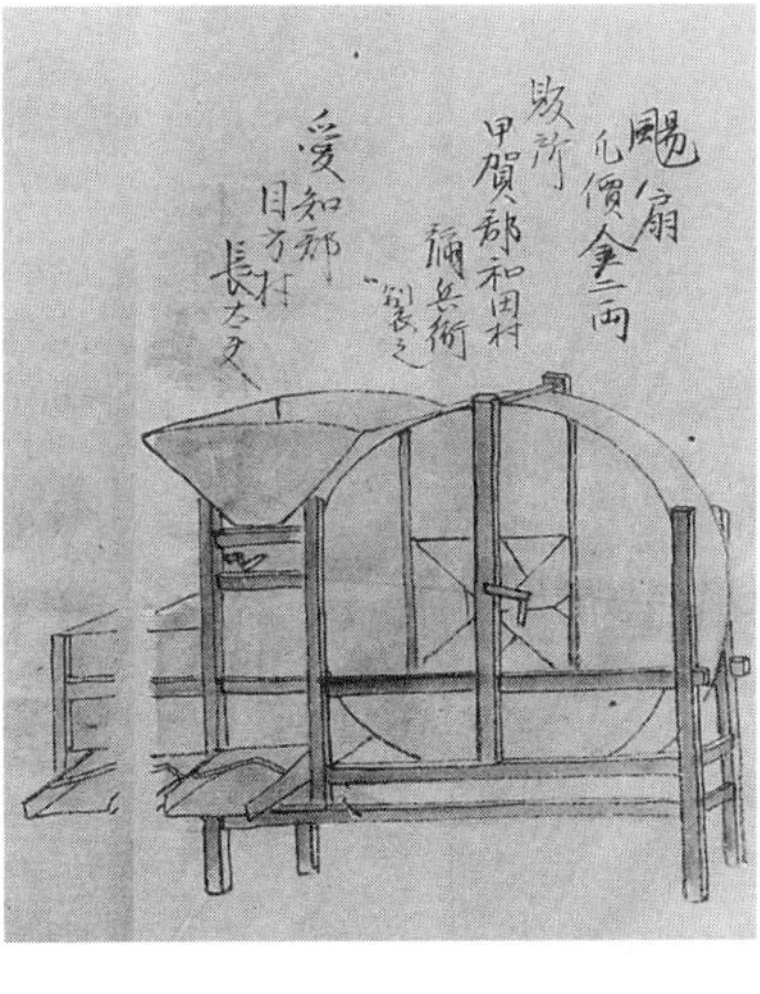

颺扇
明治５年、蒲生郡「農具粗絵図書上帳」より

拍子木

火の用心を喚起する拍子木

毎年暮れになると、まるで年中行事のように、拍子木《ひょうしぎ》を打って隣近所をまわり、火の用心を呼びかけることが行われる。小学生が一団となってまわるところもある。しかし、集落の過半が焼失するような大火にみまわれた経験をもつムラでは、時刻や回数を決めて、当番の者が火の用心や盗難などの見まわりを年中続け、警戒を怠《おこた》りなくしているところが少なからずある。

例えば伊吹町甲津原《こうづはら》では、二戸ずつが一日交代で順に日番をつとめ、区長の雑用を果たすほか、夜は拍子木と太鼓を叩《たた》いて夜警巡回し、翌日拍子木などを次の当番へ送る。湖北町尾上《おのえ》では、夜番が夜十時と午前一時に集落内をまわり、その間は夜番宿で休息をとる。このほか、余呉町中河内《なかのかわち》やマキノ町西浜でも、日（火）番や夜番札を見受けたことがある。

（一九八六・一二・一二）

木と木を打ち合わせる拍子木は大変よい音がして遠くまで響きわたる。以前、大津の市街地でも拍子木を打つ夜回りを見たことがあり、伝統的な町内の組織が保たれているのかと思ったことがある。現在も必ず拍子木を用いるのは、歌舞伎や人形浄瑠璃などの開演を告げるときぐらいになった。

（二〇〇五・九・五）

小学生による「火の用心」　　（筆者撮影）

草履作り（台）

足の指の代わりをする台

正月は仕事を休んで祝うものである。だがいつから仕事を始めるか、その最初の日には、儀礼的にほんの少し仕事のまねごとをしておく行事がある。これを仕事始めといい、期日は、二、四、十一日などで、屋内作業では、わら打ち、縄ない、草履《ぞうり》作りなど藁仕事が多い。草履を一足だけ作って仕事を終え、一年間の仕事が順調に進められるよう前祝いするのである。

草履は、二本の縄を足の指にかけ、これに、藁を上下に通して編んでいく。草履作り（台）は足の指の代わりをつとめる。

最近は学校や博物館、公民館の体験学習講座に、藁細工をとり上げることが多いが、自給自足の時代にあっては、冬の農閑期《のうかんき》に家族が消費する一年分の履物を作っておかねばならず、大量製作から足を解放させるために考案された。

（一九八七・一・九）

草履作り（台）は、藁草履や草鞋などを作るのに便利であったためか、県内各地にかなり普及していた。琵琶湖博物館へは湖北・湖東・湖南から収集され、形状は類似していて、いずれも指は三本に刻み長い横板の端に立てるのは共通するが、横板と直角に立てたのと鈍角にして少し斜めになったのとがある。いずれも切れ端材を利用したものである。

（二〇〇五・八・二〇）

セタ（背板）

薪や材木、背負い運ぶ

二宮金次郎といえば書を読みながら薪《たきぎ》を背負う像が小学校の校庭にあったのを思い出す。この薪を背負うのに用いているのがセタである。

木枠《きわく》型の背負い運搬具で、一般的には背負い梯子《はしご》と呼ばれているが、西日本でオイコ（負い子）、北陸や九州でセイタ（背板）、関東や中部でショイコ（背負い子）、九州でカルイ（軽い）・カリコ（軽い子）、東北でヤセウマ（痩せ馬）と全国的にはさまざまな呼称があり、朝鮮半島から中国、ブータン、タイなど東アジアに広く分布する（『日本民俗大辞典』）。

セタという呼称は北陸のセイタを縮めたものと考えられ、民具の伝播《でんぱ》を考える上で重要である。二本の竪木《たてぎ》を三本の桟木《さんぎ》で支える木枠形式であるが、セイタを字義どおり解釈すれば、背負い梯子の木枠形式に先行する形態として、背に板をあてた運搬具を想定できる。

写真のセタは長浜市布勢《ふせ》町で昭和三十年（一九五五）ごろまで柴や材木の運搬、農事に使用されていた自家製民具で、背に当たる部分に藁縄《わらなわ》を巻いてクッションの役割を持たせ、三つ編みの肩縄で背負う。炭焼きなどの山仕事に欠くことのできない運搬具であった。横の桟木は上が二六センチ、下が三四センチ、高さ七二センチ、下方にやや広がる形になっている。（二〇〇四・一二・一七）

ツボカゴ(壺籠)
カエデの木で編んだ籠

この籠《かご》は、細いカエデ科の木を薄くはぎ、これを縦横に一つ跳び一つ潜りのアジロ編みしたものである。編み方は胴部も底部も一様で、一本の縦材は胴部から底部を通って反対側の胴部へ続ける。したがって、籠に物を入れたときの重量は主に縦材にかかり、最終的には口縁部に集中することになるが、そのためか横材に比べて縦材は心持ち幅広のを用いている。また、口縁部の始末は、縦材を折り曲げて丸材二本で挟み、これを薄くはいだ同材で巻き口仕上げをする。口縁部に紐《ひも》をつけて背負えるようにもし、腰にくくりつけて茶や桑の葉を摘《つ》むこともできる。

高時川上流の丹生谷《にゅうだに》に分布するもので、とくに余呉町小原《おはら》では、冬の仕事としてこれを製作していたので、近在では小原籠と呼んでいる。

(一九八七・二・二〇)

明治初期の村勢をまとめた『滋賀県物産誌』によると、小原村は当時一八軒で、「農業のかたわら養蚕を業とし、また男は炭焼きする者あり、そのほか呉服商一軒、木籠を製する者一八軒あり」という。全戸が木籠作りに従事して、年間二、九三〇個を木之本方面へ販売し、二〇円三六銭売り上げている。小原より奥ではいずれも木籠を作っていたらしく、奥川並《おくこうなみ》が一、五〇〇個一三〇円、鷲見《わしみ》が四〇〇個三二円の記録がある。

(二〇〇五・八・二〇)

ナッタカゴ（鉈籠）

木で編み腰につける

山行き（山仕事）に鉈《なた》と鋸《のこぎり》は欠かすことができない。鉈を腰に付けて持ち歩く容器がナッタカゴである。

この籠《かご》は竹ではなく木で編まれていて、別名「小原籠《おはら》」と呼ばれる。ダム建設で離村した伊香郡余呉町小原で作られていたことからその名があり、雪に閉ざされた冬季に家の中でカエデ科の木を材料にして、豆籠、壺籠《つぼ》、鉈籠などを製作していた。

材料となるのは、イタヤやモミジなどのカエデ科のほかにマハゼ（山漆《やまうるし》）、ナラなどで、作るものによって用材を変えた。積雪で屋外作業のできない四月ごろまで、家の中でできる量を秋に伐採する。利用するのは幹で、枝は粘りがないので捨てる。材は鉈で大割りしたあと小割りし、年輪の厚みに合わせて一枚一枚剥《は》いだあとにカンナをかけて乾燥させる。

カンナをかけるとは、ホウチョウと呼ばれる一種のナイフで表面が滑らかになるように削ることで、ホウチョウは福井県武生市《たけふ》へ注文し、誰もが二、三丁は持っていた。このホウチョウ一本で、木を剥ぐことから厚みや幅を調えることまで行う。大きい籠の方が編みやすく半日で一つ、小さいほど手間が掛かるという。春になると籠を背負って近在へ売り歩いた。（二〇〇五・三・四）

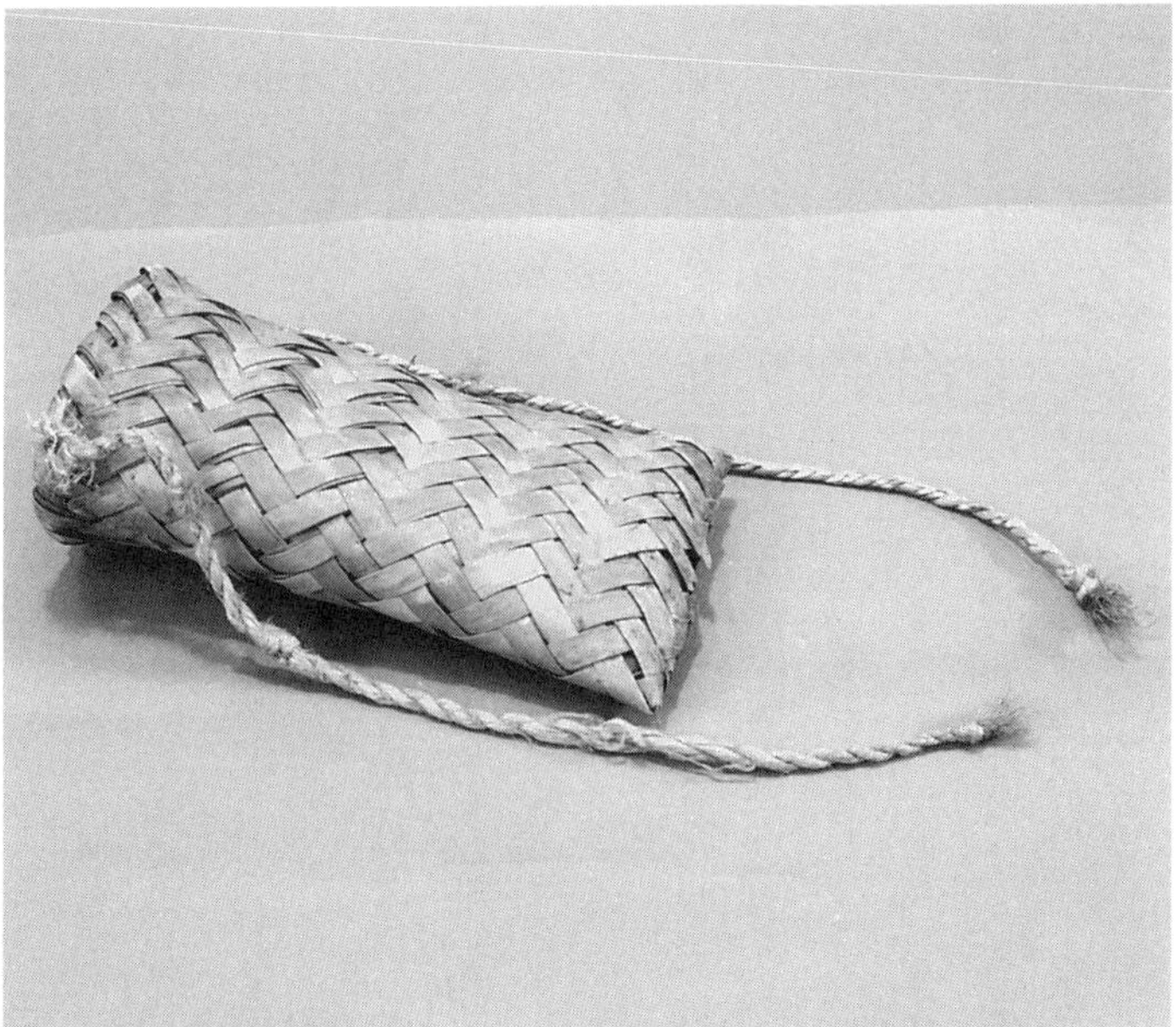

カモノオトリ（鴨の囮）

カモが仲間とまちがえる木型

琵琶湖の伝統的なカモ猟に浮きはえ流し黐《もち》がある。長くつないだ藤蔓《つる》にとり黐をつけ、湖面に浮かぶカモをからめ捕る猟法である。

猟師は、カモの習性からマガモ、タカベ、オシドリをタドリ（陸鴨）、ハジロ、ダイガシラをミズドリ（湖鴨）とに分ける。タドリは、夕方から陸へ上がり落穂などを食べて朝方に湖へ戻り、ミズドリは昼夜とも湖上にいて藻や魚貝を食べる。このため、タドリは朝バエで、ミズドリは宵《よい》バエで捕るが、これは適度の風が吹いている夜に限られ、風が強すぎたり、風のない日は不猟となるので、湖岸にはえた葭《よし》場の周囲でヨシマキをする。このときカモノオトリを使う。

桐を荒削りした胴部に別材で作った首を打ちつけ、下に錘《おもり》をつける。朝バエや宵バエに囮《おとり》を使うようになったのは、戦後のことという。（一九八七・三・二〇）

胴部の底には鉛《なまり》の錘が一～三個打ち付けてあって、水に浮かべたとき胴部の底が下になり頭が上を向くようにしてある。カモノオトリは、木片を山形に削ってカモの胴とし、これに別材の板で首を作り取り付けた。さらに長さ五〇～七〇センチ《セン チ》の紐《ひも》で重さ約四〇〇〇グラム《グラ ム》の石の錘を垂らし、カモノオトリがやや沈むようにする。（二〇〇五・九・二）

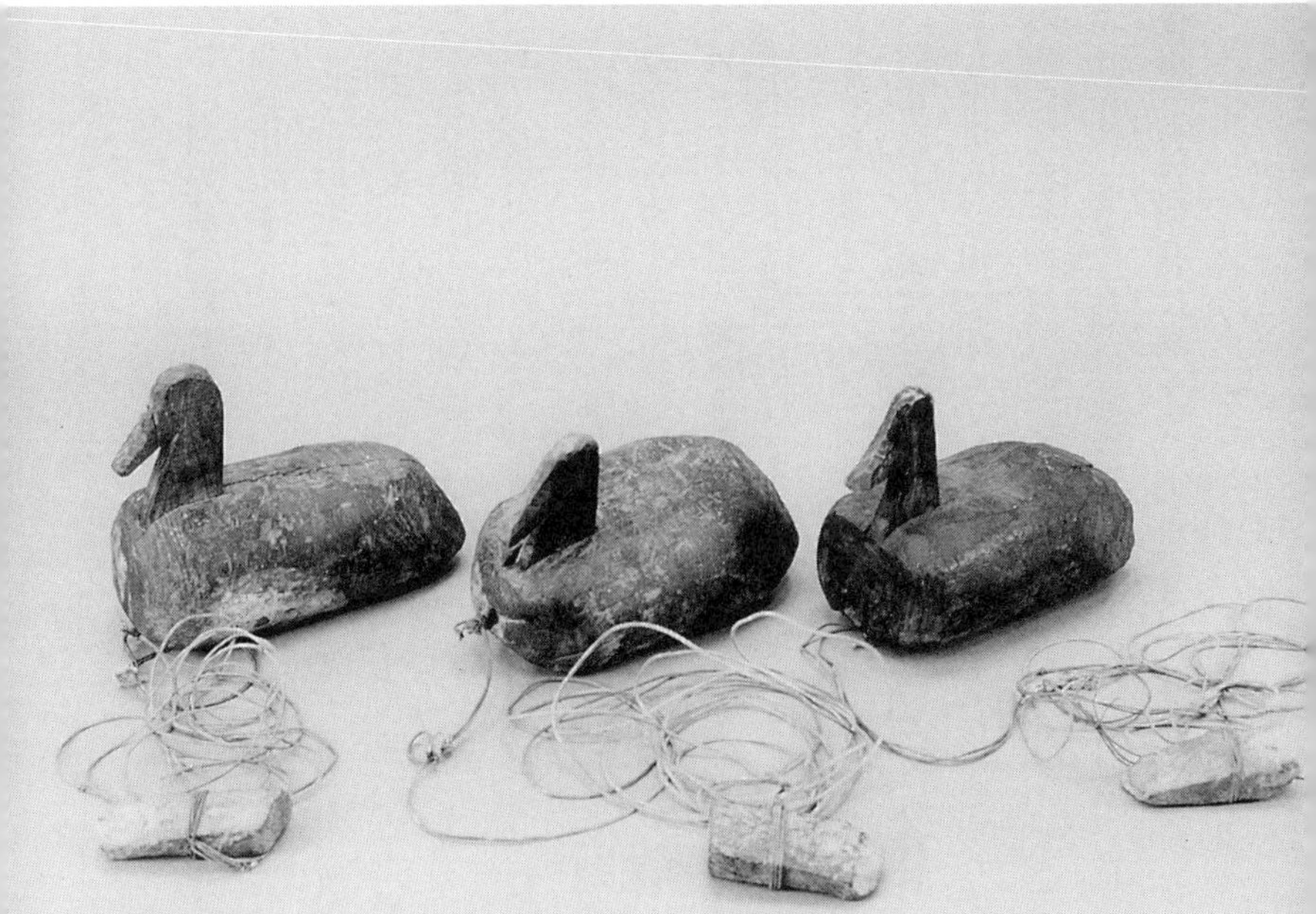

エリ（魞）のツボの底板

琵琶湖に底を作る

琵琶湖の風物詩といえば、すぐにエリ（魞）を思い浮かべる。湖岸から沖へ突き出すように簀《す》を立て、上から見るとてんびんの形をしているともマツタケや傘の形に似ているともいわれるが、最近、簀だけのエリが極端に減ってきた。県水産課の昭和六十年（一九八五）の調査ではわずかに八カ所にすぎず、他はほとんど網エリに変わったという。

エリのツボの底板は、簀エリに迷い込んだ魚が行き着くところをツボといい、そこにとりつけた板である。エリの稚《ち》アユ漁は春から初夏まで続き、漁師は毎日ツボをたも網で掻《か》き、魚をすくい捕る。しかし湖底は必ずしも平らではなく、毎日、掻くと深くなったりするので考案されたのが底板である。松材を張り合わせたもので、簀にとりつけるため板の周囲に約七十の小穴があけられてある。

（一九八六・二・一四）

昭和六十年頃は、エリ漁が簀エリから網エリへ移行する時期で、おそらく底板も無用の長物になってしまい、じゃま者扱いされていたのであろう。いつごろから底板を使用し始めたのかは未詳ながら、大正五年（一九一六）の「漁業調査報告」（『大正期の漁法』）にはエリ建設経費の内訳に含まれていないため、使用された期間は長くないのかもしれない。

（二〇〇五・八・一〇）

モチナワ（黐縄）の枠

琵琶湖のカモ猟の用具

冬の琵琶湖にはたくさんのカモが群れ遊んでいる。湖全域が禁猟となる以前はカモ猟が盛んで、現在もカモ料理を看板とする店が少なくない。琵琶湖での伝統的な猟法は、藤蔓《ふじづる》にとり黐《もち》をつけて湖面にはわせ、カモを捕る流し黐である。

写真上は藤蔓を巻く枠で、近江八幡市沖島町で使われていた。二枚の板を四本の篠《しの》竹で支え、板の真ん中に穴をあけしん棒を通す。他に棒に竹枠をつけただけの枠（写真下）もある。藤蔓は山から取ってきてよく乾燥させ、とり黐は和歌山から買う。猟は寒風の吹く夜、湯で温め柔らかくした黐を蔓につけ、長さ約百尋《ヒロ》（約一八〇〓《メートル》）を一枠に巻く。焜炉《こんろ》の火で温めながら船を沖へ出し、風上から黐縄《もちなわ》をはわせる。モチバエ（沖島）、モチナワ（湖北町尾上）、モチロウ（余呉町川並《かわなみ》）と称する。

カモには、夜になると田へ飛来して餌をあさるタドリと湖岸近くで潜って餌を取るミズドリとがある。タドリは夜明けに湖へ戻る時をねらう朝バエ、水鳥は日暮れに湖岸へ寄ってくる時をねらう宵バエで捕った。風のないニワ（凪《なぎ》の状態）は不漁で、風が少しある夜、カモの風上に向かう習性を利用して風上から黐縄を流すと、一時間ほどで黐縄がカモの所まで流れ着き、羽根などに絡みつく。

（二〇〇五・八・一〇）

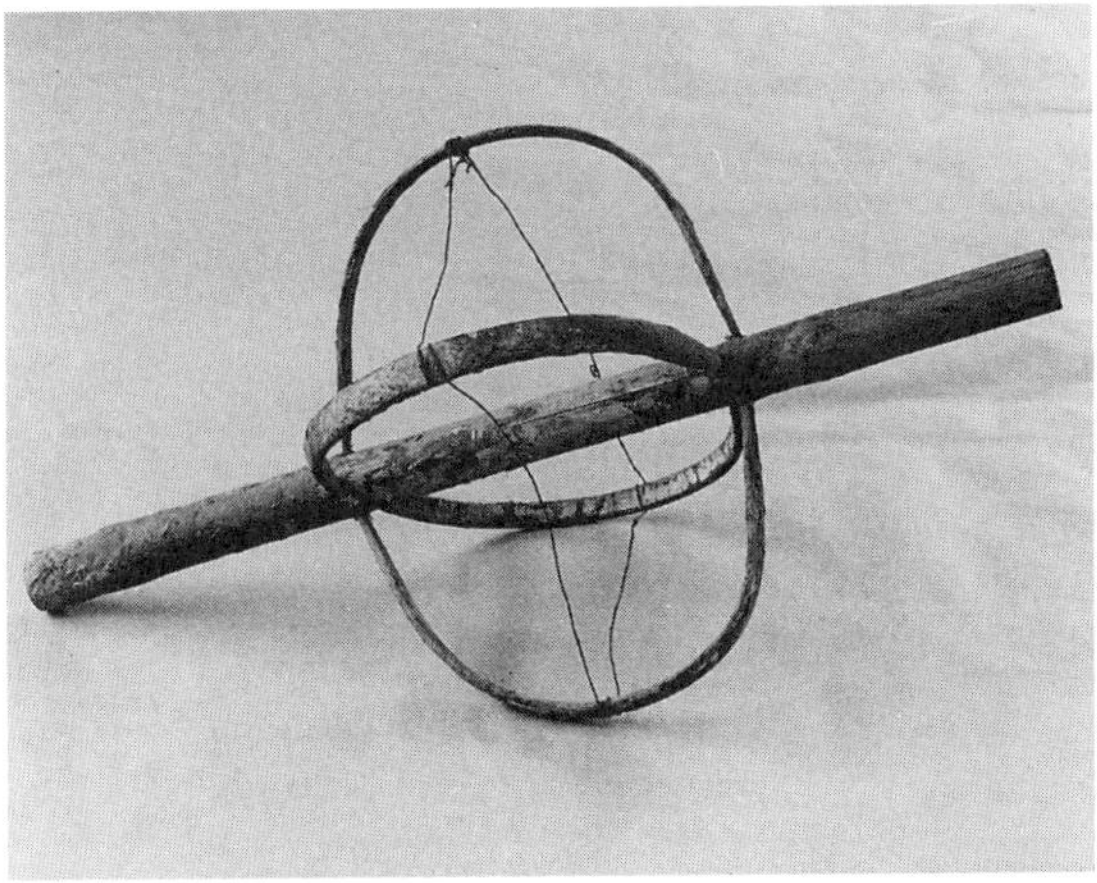

竹枠をつけたモチ流し枠　(筆者撮影)

アバ（浮子）

漁網の上端を浮かせる

もう年輩の人しか覚えていないと思うが、海と同じように琵琶湖でも地曳《じび》き網漁が行われていた。網曳きには人手がいるので、近くの人も出て手伝うとおかず程度の魚がもらえた。一番遅くまで続けていたのは沖島であろう。志賀町などでは、観光地曳き網で町おこしにつなげようとしたこともあった。今津町や志賀町には網曳きのときに歌う仕事歌が伝承されている。双方のロクロを回して網を曳いた。

漁網を水中で張るには、網の上端を浮かせるアバと下端を沈めるイワとが必要である。写真のアバはマキノ町西浜の地曳き網で用いられていたアバで、本来漆《うるし》の木で作られたが、原材がないときは、椹《さわら》、檜《ひのき》、桐《きり》などで代用した。西浜には二軒の網元があったので、アバにはそれぞれの焼き判が押してある。大きさが一様でなく、沖の網ほど小さいアバを付ける。どれも六つずつ穴が開いているので、三カ所でアバ綱にくくり付けたと考えられる。元来、アバ綱は藁《わら》製で、棕櫚《しゅろ》綱になったときもあるが、エンジンで綱を引くようになるとワイヤーロープに代わる。

地曳き網では、アユ、氷魚《ひお》、ハス、モロコなどを獲ったが、漁獲の減少により次第に廃れていった。

（二〇〇四・八・一三）

マス（枡）

漁獲したシジミ計量

夏はシジミ掻《か》き漁の盛んな時期である。大津市瀬田橋本町には江戸時代から貝仲間の組織があり、シジミ掻き漁師が数多くいて、瀬田川に留《とど》まらず、琵琶湖の北湖、大津市真野《まの》や近江八幡市長命寺、中の湖まで船に帆を張って出かけて行った。明治になると蜆《しじみ》会社が設立され、橋本の漁師が漁獲したシジミはすべてここを通して販売されることとなる。

漁師は朝から午後三時ごろまでシジミを掻き、夕方に浜へ戻ってくる。すると会社の買子《かいこ》が帳面方と桶《おけ》の枡《ます》を持って船に乗ってきて漁獲量を計算する。漁師は「ジョウ（上物）サンゴ（三斗五升）やで」などと値踏みする。皮付きのシジミは、重さでなく体積で取引され、買い取られたシジミは一晩瀬田川に浸《つ》けて砂を吐かせる。

写真の桶は、手前が買い枡、後ろの二つが売り枡で、買い枡の方がやや大きい。いずれも「五升枡」として使用され、買うときは大きい枡で計量し、売るときは少し小さな枡で売っていた。

終戦後、シジミ漁の最盛期に約五十隻のシジミ船が活動し、夕方にはオサルと呼ばれた女の行商人がシジミを買い、一晩水に浸けたのち、翌朝の一番電車や汽船で大津や京都方面へ売りに行った。

（二〇〇四・八・六）

シブオケ（渋桶）

漁網の渋染めに利用

柿といえば秋に色づく甘くておいしい果物を思うが、かつてどこの農家にも渋柿《しぶがき》の木が一本や二本はあった。大きい渋柿は皮をむいて干し柿にできても小粒ではそれもならず、大木に成長してじゃまなため切り倒された。マメガキなどの小柿は、渋を採るために植えられたもので、渋を利用することもなくなり不要となったのである。

渋柿は渋の含有量がもっとも多くなる二百十日ごろの青柿を採るのがよいとされた。柿渋はタンニンで大柿より小柿の方の含有率が高いという。柿を搗《つ》き砕き、押し蓋《ぶた》をして、二、三日間冷置したあと搾《しぼ》る。柿一キロから約二百ミリリットルの渋液がとれる。防水や防腐効果があり、傘や合羽《かっぱ》、または笊《ざる》に貼《は》った和紙などに塗布した。

シブオケは、口径三三センチ、深さ二〇センチのやや尻すぼみの桶《おけ》で、絹や綿の漁網を渋染めするときに用いた。渋で染めることにより糸の水切れがよくなり、渋染めを繰り返すと網の防腐効果が高まる。桶は内側が真黒になるほど何度も渋染めをしたことを物語っている。網がナイロン樹脂のアミランに変わって渋染めの必要がなくなり使わなくなった。このほか柿渋の特異な使用例として、高島郡ではマムシに噛《か》まれたときの抗毒剤に用い、傷口に柿渋を塗ると血がたくさん出て毒も消えたという。

（二〇〇四・九・二三）

フイゴ（鞴）

風送り、火勢強める

小学唱歌「村のかじや」が教科書から消えて久しいが、その前に一部を除いてほとんどの鍛冶屋は消滅していた。それでも昭和五十年代は鍛冶屋をしていた家にまだフイゴが残されていて、家の改築に際し廃棄される時期であった。民具を収集中に、不要になった民具を燃やしているのに出くわし、火中から少し焦げたフイゴを救出したこともある。

フイゴは吹き子で、革袋に始まった吹皮《ふきがわ》から転じたとされる。金属の精錬や加工に風を送り火勢を強める装置で、写真のような長方形の箱形の中に気密に取り付けたピストンを往復させるフイゴは日本独特の形式である。左に水平に延びた細い棒状の先にT字形の把手《はしゅ》が付き、ここを握って押したり引いたりすると、箱の中央部下の丸い穴から送風されるが、これは把手が欠けている。鍛冶屋などが主に使うフイゴのほかに、鋳物師《いもの》のように大量の鉄や銅を溶かすときのフイゴは、数人が足で踏む大型の踏鞴《たたら》が用いられた。

老いた鍛冶屋がフイゴを使って鋸《のこぎりば》刃の焼き入れを見せてくれたことがある。最初は手でフイゴを操作していたが、鋸を打つようになると両手がふさがり、足の指にフイゴの把手を挟んで押し戻したのには驚いた。十一月八日はフイゴ祭で、フイゴを使う職人は仕事を休み神祭りをした。（二〇〇四・一一・五）

ダルマ（座繰り機）

繭の糸を縒り合わせる

水上勉《みなかみつとむ》の長編小説『湖の琴』は、若狭から山を越えて湖北の寒村へ出稼ぎに来た薄幸の娘の話である。娘の仕事は繭《まゆ》から糸を繰《く》る糸引きの仕事であった。近代までの湖北地方は、県内でも有数の養蚕地帯で、農家の副業として繭の生産が盛んに行われていた。その繭から製糸するのにダルマという糸繰り機が使用された。生繭《なままゆ》または半乾燥の繭から製糸するには収繭《しゅうけん》してひと月余りのうちに一気に製糸してしまわねばならず、これには多くの人手を要したので他所からも女工を求めた。『湖の琴』の主人公さくもそうした出稼ぎ者のひとりである。

それまで手で取っていた糸繰りから器械仕掛けに変わるのは、開国後上州（群馬県）で座繰り製糸法が発明されて以後とされる。明治五年（一八七二）には群馬県富岡にフランスの技術を導入した官営の製糸工場ができたことは歴史の教科書にも載っており、蒸気を利用した製糸機が発達し、現在では完全自動化されるに至ったが、なぜか滋賀県では座繰り機による製糸も続けられてきた。現在も使用されているのは、江州《ごうしゅう》ケンネル二緒前達磨《にちょまえだるま》式座繰機とよばれるもので、略してダルマと呼んでいる。

今のダルマは、モーターを動力としプロパンガスで鍋の湯を沸かしている

が、写真のはそうした新しい要素が加わる以前のタイプで、部分品がかなり失われているものの、足踏みで動かし炭火を利用していたことがよくわかる。約八〇度に沸かした湯で煮繭《しゃけん》し、藁箒《わらぼうき》で糸口を探り、数粒から十数粒の繭の糸を集緒器《しゅうちょき》に集め、縒《よ》りをかけながら小枠に巻きとっていく。二緒式の場合は二本の糸を同時に繰るのである。ダルマを使用した糸繰りは、わずかに賤ヶ岳《しずがたけ》山麓や草野川沿いの村で良質の糸が引けるとして続けられ、邦楽器用の原糸を製造しているが、高齢化が進み後継者難で先行きが危ぶまれているところである。

（一九九九・七・一）

ヤマノカミ（山の神）

男神女神で豊作願う

近江は山の神信仰の盛んなところである。とりわけ湖南から湖東へかけて、旧郡でいうと栗太郡、甲賀郡、蒲生郡で濃密に分布し、一集落で複数箇所の山の神を祭祀《さいし》しているところは珍しくない。祭る単位も、個人、講、組、カイト、ムラとさまざまで、日を分けて祭りをする。これらの地域の山の神祭りは、ほとんどが一月上旬の三日、五日、六日、七日、九日に集中し、月遅れで祭るところが二月の初めに行う。

山の神の祭場は、山の入り口からほど遠くないところにあり、大木や岩などを依り代《よりしろ》とし、田用水の水源近くに位置するとされる。そこへ写真のような男神女神を作って持って行き、交合させて作物の増殖を祈る。雄松雌松を用いることが多く、あらかじめ山から三叉《みつまた》の雄松と二叉《ふたまた》の雌松を取ってきて顔などを描く。

栗東市上砥山《かみとやま》は、平成十五年（二〇〇三）に改革されるまでは、「山の神のおこない」と称して四人の頭役《とうやく》が二月初旬に一週間をかけて準備と盛大な祭祀とを行っていた。最後の夜に山の神の神木の前で男女の御神体を重ね、「オッタイ（男体）メッタイ（女体）わいわい云々」と唱えながら擦《す》り合わせる。御神体の全長は九〇㌢、重さは男神一・九㌔、女神一・三㌔を測る大きいものである。

（二〇〇五・二・四）

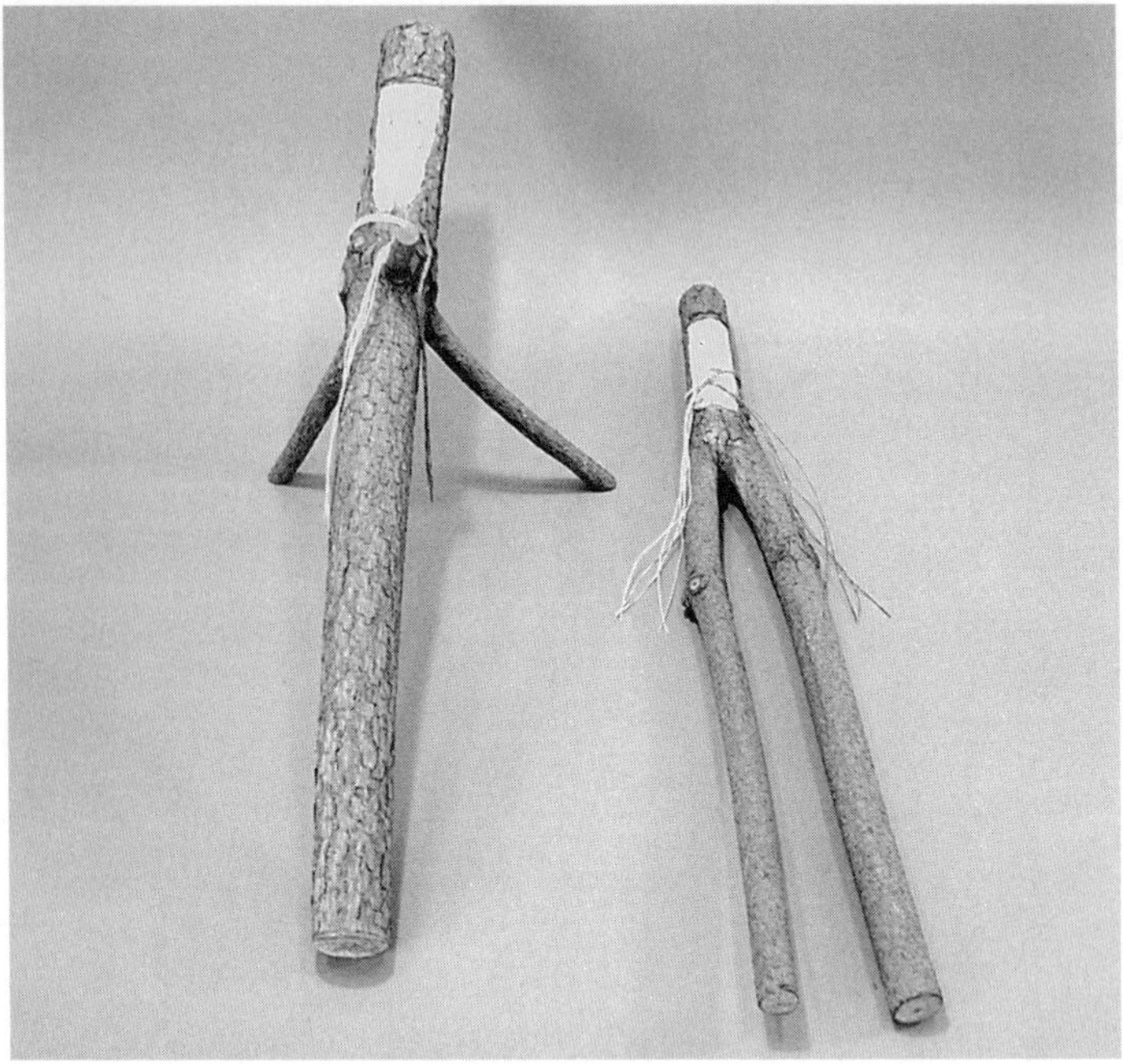

竹細工・竹製品

ハナビラカゴ（花弁籠）

花びら餅にかぶせる

　野洲市三上《みかみ》の御上《みかみ》神社の秋祭りは、ずいき祭りの名で知られる。ずいきは里芋の茎。地元では田芋と呼ぶ里芋のなかでも晩生《おくて》芋の茎で神輿《みこし》を作ることからそう呼ばれる。茎は緑色で背も高く一メートル以上に成長し、根元の親芋の周りに子芋がたくさん付く。ずいき神輿を奉納する年毎《ごと》の頭人が代々その種芋を伝えてきた。茎は食用にされていないが、ずいき神輿を作ることを「お菓子盛り」と呼ぶことからすると、神輿自体が神に供える神饌《しんせん》の一種とみられる。

　正しくは「若宮殿相撲御神事《わかみやどのそうもくごじんじ》」といい、相撲《すもう》の取組が催される。ずいき神輿を奉納した夜、篝火《かがりび》に照らされ楼門《ろうもん》の前で芝原式と称する宮座の儀式が無言で執り行われる。茣蓙《ござ》を敷き五つの宮座の頭人らが土座し、頭人の書き付けを改め、花びら餅《もち》が配られ、天狗《てんぐ》面を付けた猿田彦の舞、直会《なおらい》、最後に子供の相撲で終わる。

　花びら餅は、饗盤《ごうばん》に載せハナビラカゴを被《かぶ》せてある。籠《かご》といえば底を下にして物を入れるという先入観があるが、この籠は花びら餅に被せられる目籠で、高さ四六センチある。真竹を割り皮だけにして、幅七ミリ、長さ一〇二センチの竹で六目編みにしたもので、両端に三角の紙を差す。享和元年（一八〇一）の当番心得書にある「花籠」は、竹一二本組、幅二分（六ミリ）ばかり、輪三段入り、とある。

（二〇〇四・一〇・八）

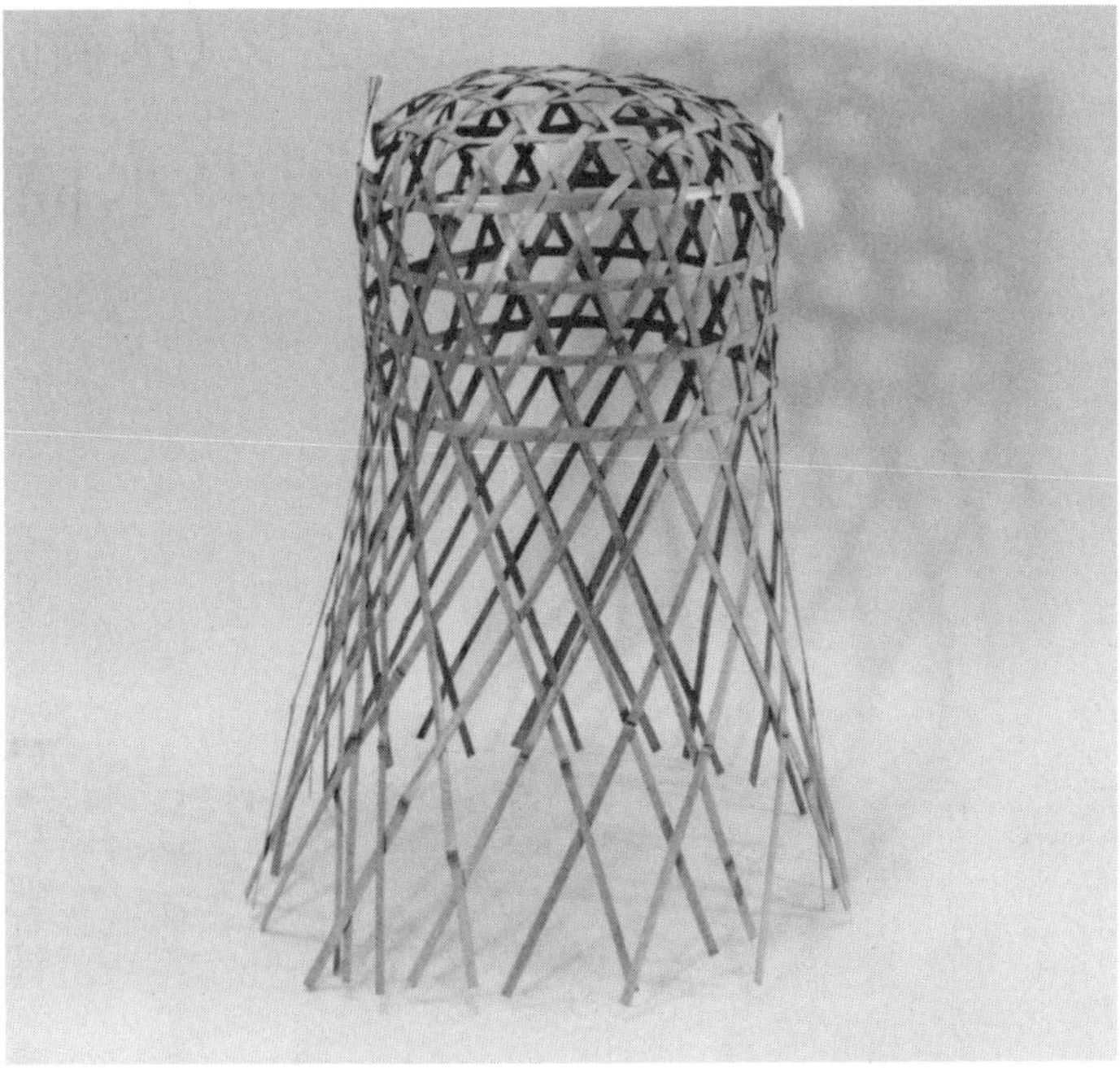

野洲市三上のずいき祭り　（筆者撮影）

ミズヅツ（水筒）

竹製の水筒

五、六月ごろの好天気の日は、まぶしいほど暑く、野外で仕事をしていると、まだ体が暑さに慣れていないせいか、汗が出てのどが渇く。それで山仕事や田畑へ出るときには、飲み水が欠かせない。必ずお茶か水を持って行く。ミズヅツはそのときの容器の一つで、自給自足の生活にあっては、周囲にある材料を利用した。竹筒の節から節まで一節分を用い、上端は半円に少し長く切り残した部分で飲み口を作っている。

適当な竹（材料）さえあれば、だれにでも簡単に作れ、壊れても、すぐ、いくらでも補給できるのが、民具の基本的な考え方である。シンプルなミズヅツは、そのことを如実に表している。

竹の水筒は、現在でも祭礼などに、青竹に酒を入れたのを見受けるが、これは一回切りの使用で、次年の祭りには新しく作り直す。（一九八一・六・一三）

民具としての竹筒は、水や酒を入れる容器であるが、『竹取物語』のかぐや姫は竹の中にいた。竹の生長とほぼ同じ三カ月で成人し、この世のものとは思えない光り輝く存在であるが、「東北のイタコなどは竹の筒に神を入れ金襴《きんらん》の袋に納めて首に懸けている。」（『巫女考』）ことと考えあわせると、竹筒は神的なものの容器でもあった。

（二〇〇五・九・六）

風呂のカサ

体を温める竹製の蓋

寒くなると、風呂に入って一日の疲れを癒《いや》し、体を温めるのは至福の時である。『滋賀県百科事典』（一九八四年）にも書いたことであるが、県内でも地域によって風呂の形式が異なる。写真のような竹または藁地《わらじ》で編んだカサを風呂の蓋《ふた》に用いるのは、湖東でも琵琶湖から離れた、どちらかというと鈴鹿山地寄りの地域である。

土間の隅に風呂場があり、洗い場がないので風呂の中でからだを洗った。桶《おけ》風呂にはいると湯は膝《ひざ》ほどしかなく、上から吊《つ》ってあるこのカサを降ろして蓋をし、一種の蒸し風呂のようにして体を温める。また、家族のほかに近隣の人も入浴するので、裸体を覆《おお》う役割も果たした。竹製の蓋は隙間《すきま》なく編んだ気密性の高い立派な造りで、永源寺町にあった山上藩士の家で使われていた。おそらく竹籠《たけかご》職人が材料を吟味して編み上げたものと思われる。竹籠の上に渋紙を張り合わせたものもあり、割った竹を骨組みにしてその上に藁を編んで仕上げたものもある。

頂部に吊り下げるための針金が細工してあり、長い紐《ひも》を付けて吊り下げ、天井の滑車《かっしゃ》などに通して他方の端にカサとバランスのとれた重さの石を結び、引き寄せると上下いずれの位置にも停止する仕掛けになっていた。

（二〇〇五・一・二八）

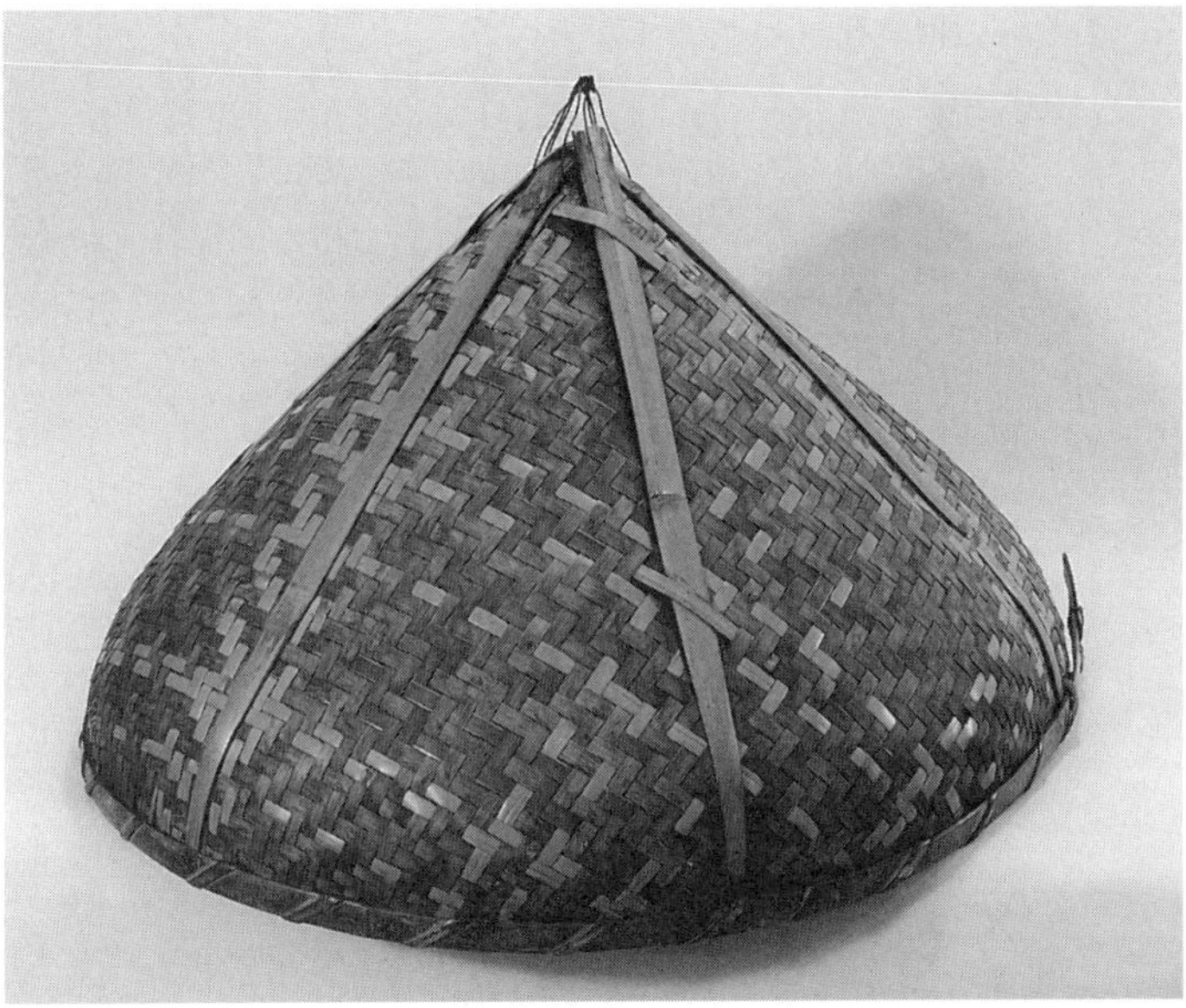

アブリカゴ（焙り籠）

屋内でおしめ乾かす

時雨《しぐれ》が冷たく降る秋の終わりから桜の咲く前まで、冬の間は雪がちらつきすっきりと晴れる日は少ない。とりわけ朽木《くつき》のような山間部では、降雪の日が続き洗濯物がカラリと乾くことはない。まして乳児がいる家では古布《ふるぎれ》で作ったおしめ（おむつ）の洗濯に追われる毎日である。屋外へ干せないため、家の中で乾燥させるのにアブリカゴが用いられた。

陶器の火鉢に炭火を入れ、直径五六𠮟《センチ》のアブリカゴの中央へ置いて、洗ったおしめを高さ六〇𠮟《センチ》のカゴの周囲に張り付けるようにかぶせる。使い捨ての紙おむつが一般的な現在の親からは想像も付かない苦労がかつての子育てにはあった。

カゴの製作には、自家の藪《やぶ》から時機を見計らって真竹を切り出し、幅二、三𠮟《センチ》に割る。割った竹は火にあぶり、皮が外になるように角度をつけて曲げる。これを四本組み合わせて頂部で結節し、別に作った竹の輪をはめ、竹と竹の交点を錆《さび》に強い銅線で縛って脚を固定する。昭和二十年代に麻生《あそう》山で製作され使用した自家製民具である。燃料小屋の屋根裏にくくりつけて保存されていたが、よく使い込まれたのが鈍い光沢から感じられる。

（二〇〇五・一二・一八）

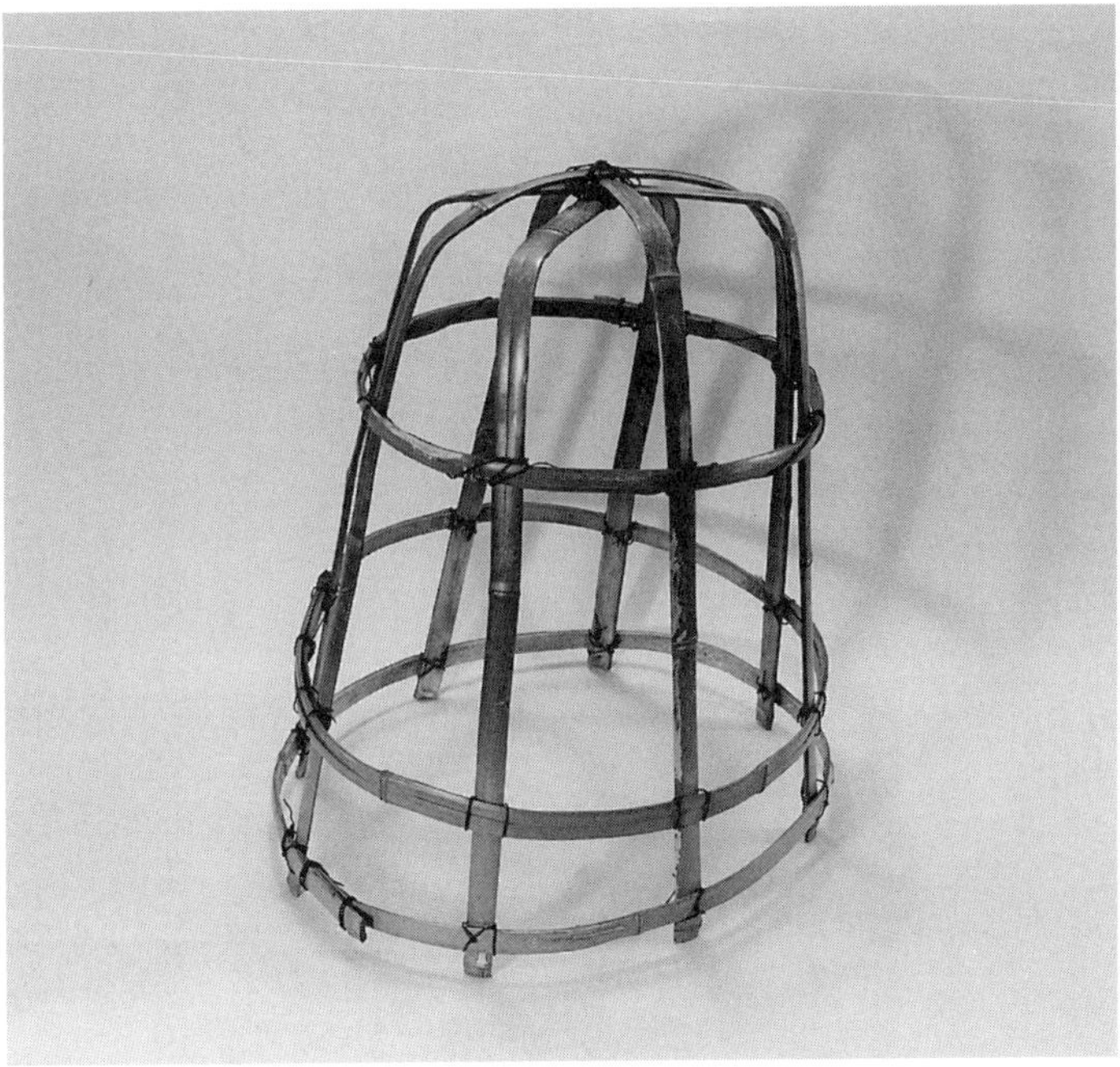

ナエカゴ（苗籠）

早苗を運ぶ籠

県内における田植えの時期は、苗作りの変化などによって、従前よりすっかり早くなってしまった。新幹線の窓から見ていると、滋賀県ではすっかり植え終わっているのに、岐阜県へはいると、まだ遅い田植えが行われている。それでも機械化が普及していて、一株ずつ手で植える風景は、一部の山間地域に限られるようになった。

田植え歌を歌いながら、一列に並んで植えていた時代から、田に棕櫚縄《しゅろなわ》を引いて植えたごく近年まではナエカゴが使われた。苗代田《なわしろ》で成育した早苗《さなえ》をひき、束ねてナエカゴに入れ、天秤棒《てんびん》でかついでこれから植える田へ運ぶと、畦《あぜ》から適当な間隔をとって投げ入れた。田の耕耘《こううん》と苗運びは男の仕事、田植えは女の仕事と区分して、男が田植えに加わるのを忌《い》む風習があったが、それを記憶する人も少ない。（一九八六・五・一二）

ナエカゴは、用途が早苗を運ぶのに限られるためか、それとも発生が新しいのか、地方ごとの異称があまりみられない。これに対し、苗を取って束ねる藁の呼称は変化に富む。『分類農村語彙《ごい》』によると、ナヘデ（岐阜県加茂《かも》郡）、ナウバシ（島根県石見《いわみ》）、ノウデ（石川県鹿島《かしま》郡）、ノデワラ（京都府相楽《そうらく》郡）、ノウバ（長崎県壱岐《いき》）、ノドハナ（岐阜県高山）などである。（二〇〇五・九・四）

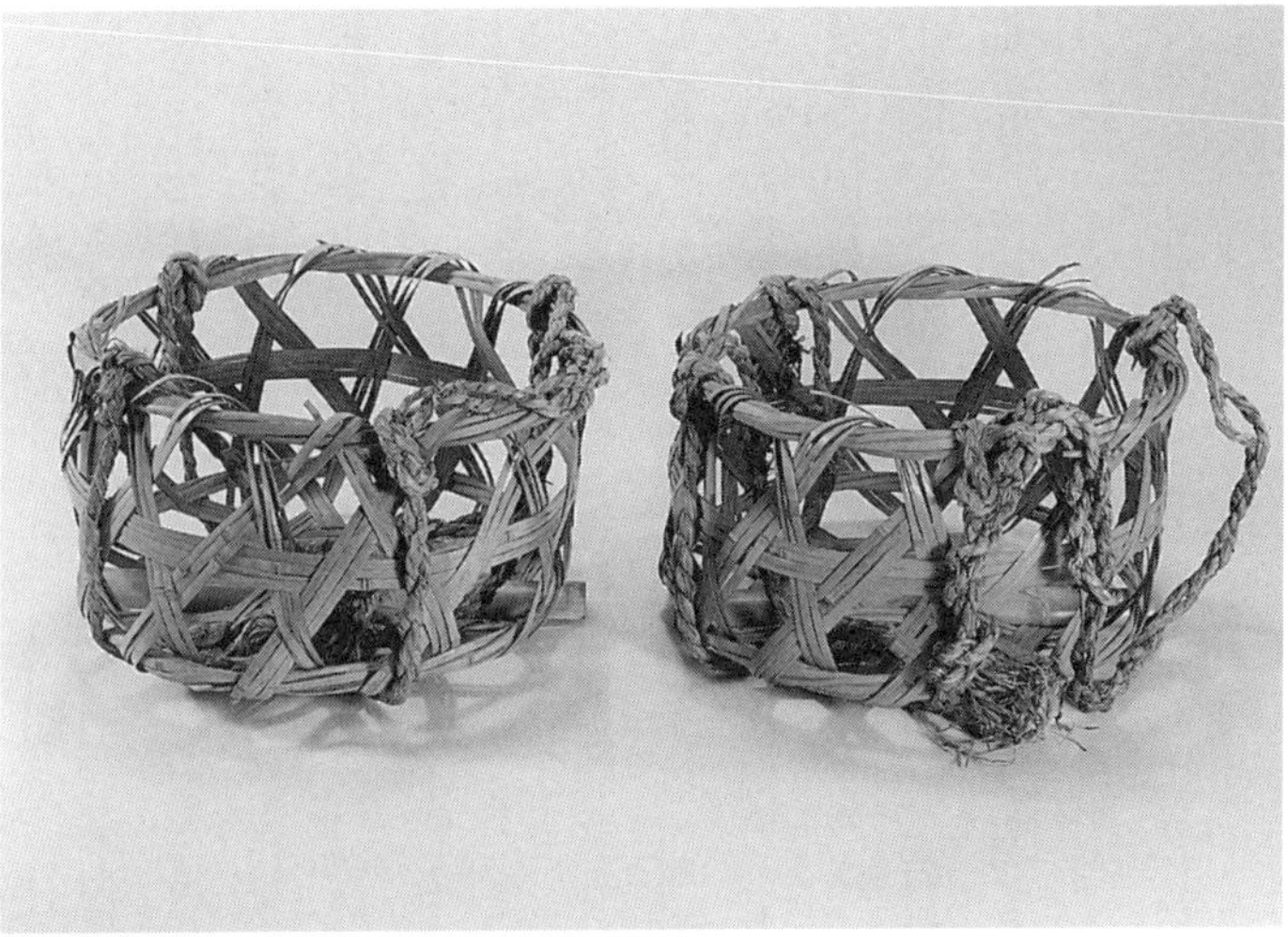

ニシンカゴ（鰊籠）

肥料の鰊を入れ運ぶ

江戸時代から北海道開発に携わった近江商人は、漁場を開き蝦夷《えぞ》の人と交易している。水産物の中心は鰊《にしん》で、鮭《さけ》や昆布とともに近江へも運ばれた。乾燥させた身欠き鰊は、食用にするとともに肥料として利用された。『滋賀県八幡町史』（一九四〇年刊）によると、当時の肥料消費状況は、自給肥料が中心で人糞尿《じんぷんにょう》が最も多く、次いで緑肥・堆肥であるが、販売肥料としては、胴鰊・鰊搾《しぼ》り粕《かす》が大豆油粕とともに上位を占めており、鰊白子というのもある。

ニシンカゴは、約五チ《セン》に切った鰊を入れて腰に付け、稲の株元に差し込んで肥料としたことからこの名がある。写真の籠《かご》は伊香郡で使用されていたもので、大正年間に鰊を入れるのに用いたという。明治期前後に伊香地方に普及し、田植えに苗束を入れたのでタウエカゴとも呼ばれた。

籠屋で製品が販売されていたが、冬の農閑期を利用して男たちが数人寄り集まり、ほかの藁《わら》細工と同様ニシンカゴを作った。材料の真竹は旬の良い十月に切っておく。割った竹は皮だけでなく身の部分もうまくとり混ぜて編んである。他家の籠と取り違えないように屋号を墨書《ぼくしょ》する。

（二〇〇四・七・九）

ジョレン（鋤簾）

泥土を掻き上げる

苗代作りや田植えが始まる前に、田へ水を引く用水路を整備して、水の流れをよくしなければならない。水路は一般に個人で利用するよりも何人もの人が共用するものなので、村（区）ごとに日を決め、各戸一人の成人男子が出て作業にあたる。これをふつう村人足《にんそく》というが、野洲郡ではイアガリ、高島郡では作業後の慰労宴を「井立て」とよぶ。

ジョレンは、井路に一年間たまった泥土を掻《か》き上げるのに用いる。このため、刃先は鉄であるが、他は竹編みになっていて、土砂だけをすくい上げ、水は隙《すき》間から落ちる仕組みになっている。新しいのは竹編みでなく、すべて鉄製となってしまうが、この原理は生かされてある。長い柄をつける場合もあり、シジミを取ったところもある。

写真のものは、昭和三十年ごろまで使用していた。（一九八六・四・二五）

柄の長いジョレンについて「近江水産図譜」は次のように記している。「船ニ乗リ湖中ニ出テ（中略）水底ヲ掻キ之ヲ引揚グルナリ、（中略）鋤簾ハ土砂粘土ヲ採ルニ用ユ」とあり、竹柄の長さは一丈五、六尺（四・五〜四・八メートル）で、十月から三月の主として冬季に湖底を掻いた。粘土は壁塗りに使用し、瓦を焼くときに他の土と混ぜて用いた。（二〇〇五・八・一六）

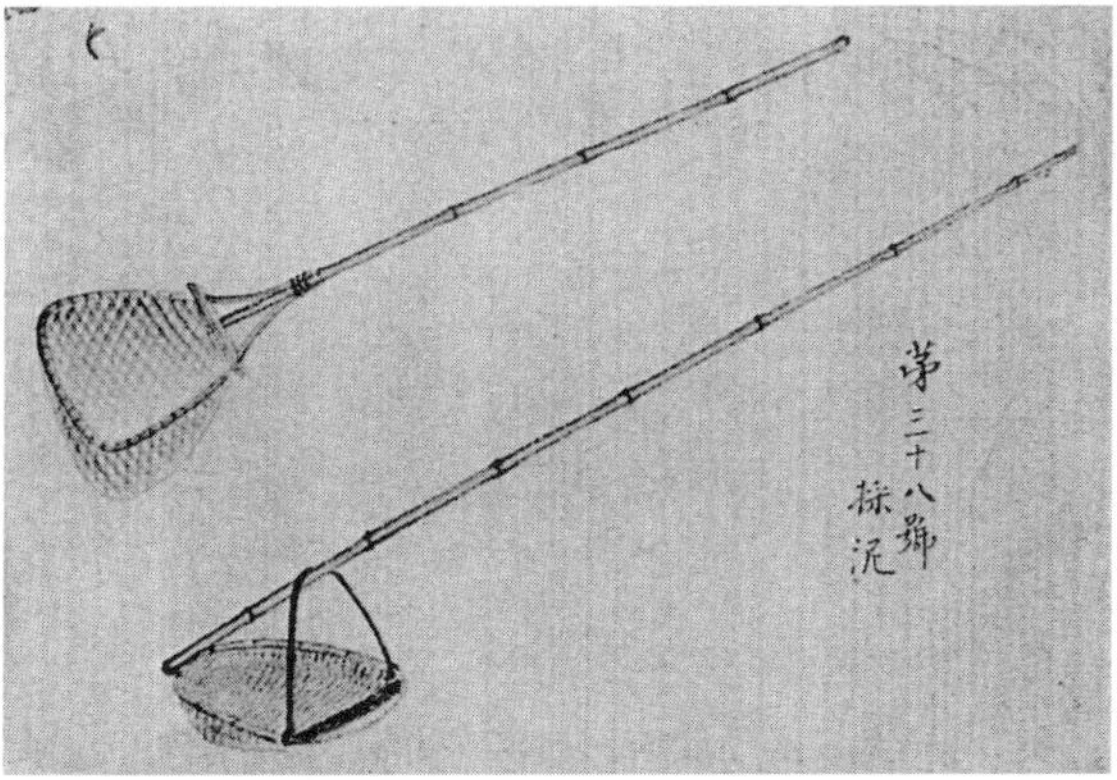

「近江水産図譜」(作者未詳、滋賀県水産試験場蔵)に描かれた鋤簾

牛の口籠

草を食べさせず使役

昭和三十年代まで一般に農村では牛を耕作に使役していた。県内には近代以降に牛耕（ごく一部で馬耕）が導入された地域もあるが、大抵の家では牛を飼い、母屋《おもや》を入ったところに馬屋があった。牛小屋であってもなぜか馬屋と呼んでいた。一軒で一頭飼育するほか、耕地の少ない家では二、三軒が組んで一頭の牛を飼った。

例えば、A家で二日飼うとB家で三日、C家で二日と回し、自分の家に牛がいるときに耕作に連れて出た。牛は道草をしがちで道端に草があると食べはじめ、放っておけば畑の野菜でも食べてしまう。それでは田畑への行き帰りや耕作がはかどらない。このため、使役するときだけ牛の口にこの籠《かご》をかぶせ、草などを自由に食べられないようにした。土地によっては牛のクツロゴなどというところもあるが、竹で編んだ牛専用の口籠で、口径二三センチ、深さ一六センチ、重さ一五〇グラム前後の大きさのものである。

牛を売買するのは博労《ばくろう》で、農家の飼い方には二通りあった。一つは、一歳半ぐらいの若い牛に牛耕を教えて翌年に再び若い牛と交換する方法で、その間の肥育料が収入になった。もう一つは、牛耕を教えられた成牛を受け入れて農作業などに数年使役したあと、別の牛と交換するやり方で、牛を太らせるといくらかの収入になった。

（二〇〇四・八・二七）

マメコキ（豆扱き）

大豆を脱粒する

民具は日常生活をより便利にするための必要性から生まれたものである。だから、それを用いる人が自ら製作し、また親や他の地域の人から習い覚えた製法に改良を加えながら、次の世代へと伝承を繰り返してきたものである。そのため、構造はできるだけ単純で、こわれても材料が入手しやすく、すぐに作り直せることが肝要であった。

そういった意味で写真のマメコキは、本来の民具のありように最も近い姿といえよう。直径四・五㌢《セン チ》の丸竹を半分に割り、その一方の先を削り、縄で二重に括《くく》っただけの素朴な作りであり、竹を三節分使用しただけで、長さ五二㌢《セン チ》ある。

用法は実って乾燥した大豆などの豆木を竹の間へ挟み、竹の上部を固く握りながらしごいて脱粒させるもので、千歯扱《こ》きが登場する前の稲穂の扱き箸《はし》と同じである。

（一九八六・一二・二四）

稲の脱穀用具としての扱き箸は、江戸時代中期に千歯扱きにとって替わられ、それまで労働供給者であった婦人の仕事を奪うことになったと日本史で学習した。扱き箸は江戸時代に廃れた農具であると思っていたが、大豆の脱穀用具として二〇〇年後の昭和時代まで命脈を保っていた。一度考案された民具の生命力に驚きを感じずにはおれない。

（二〇〇五・八・一七）

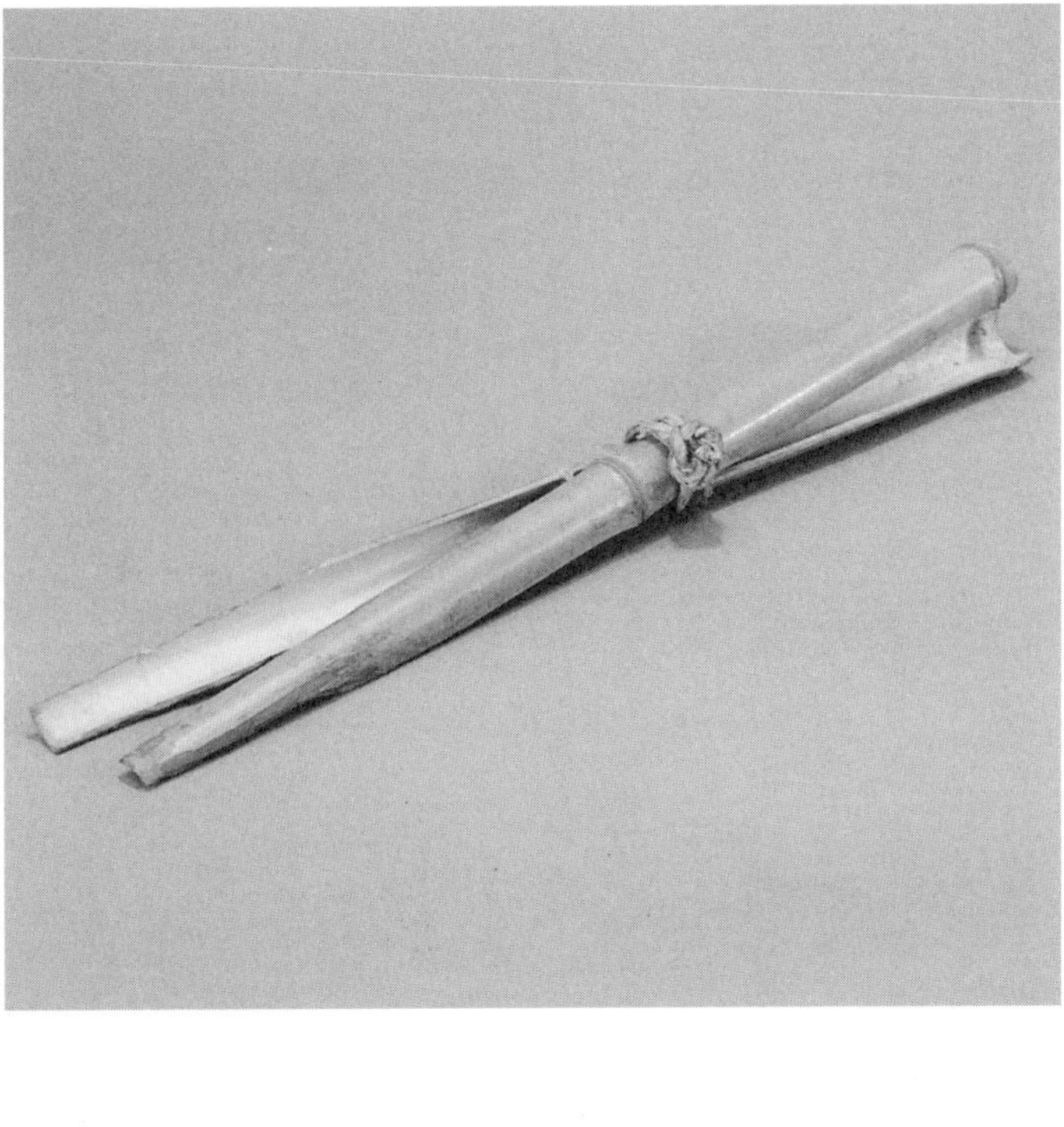

麦打ち台

穂先を打ち付け脱粒

四月の異称を麦秋《ばくしゅう》といい、平成十六年六月十一日は陰暦四月二十四日にあたる。一九六〇年ごろまで農家はどこも冬の裏作に麦や菜種を栽培し、収穫したあと田植えのこしらえにはいった。現在では減反《げんたん》政策で休耕田に麦が植えられ、田植えの時期が早くなったせいで、黄色く色づいた麦と田植えの終わった水田の緑が連続する風景が見られるようになった。

刈り取った麦を持ち帰って脱穀するのに麦打ち台を用いた。台の寸法は長さ一七三センチ、幅五七センチ、高さ四九センチ。これに麦束を持って穂先を打ちつけ脱粒する。台には割った竹を何本も立てて並べ、その隙間《すき》から麦粒が下に落ちる仕組みで、この竹はよく傷むため毎年取り替えていた。また、麦粒が飛び散るのを防ぐため古くなった蚊帳《かや》を吊《つ》ってその中で作業した。

麦の栽培は縄文時代に遡《さかのぼ》るとされるが、常に主食の米を補う位置にあり、米の自給が充分でなかった半世紀近く前までは、裕福な農家でも麦飯が一般的で、大麦を栽培した。挽《ひ》き割りした押麦《おしむぎ》が普及するまでは、面倒でも丸麦を前夜に煮ておき、朝御飯を炊くとき米と一緒にして炊いた。米と麦の混合率は、麦を二割または三割などとしたが、第二次世界大戦以前は半々の半麦飯や麦が過半を占める麦飯があった。

（二〇〇四・六・一一）

ミ（箕）

風の力で実と殻選別

脱穀後の調整用具として、箕《み》はもっとも多用される農具である。箕は穀物をすくうのに便利で、それを口の小さい容器に入れるときは、こぼれないように先を狭《せば》めることができる。

このほか、穀物の調整として以下の用い方がある。不純物の混ざった穀物を箕に入れ、頭上高く持ち上げて少しずつ落とすと、風が不純物を飛ばして穀物だけが下に敷いた筵《むしろ》の上に落ちる。その穀物を箕であおいで風を起こし、不純物や重量の軽い不良物を吹き飛ばす。穀物のほか、渋柿の皮やなすの葉などを箕に広げて日光にあて乾燥させるのにも用いた。ほかにもまだまだ使用法はあって、農家にはなくてはならない民具であった。

ところで、臼摺《うすす》りしたあとの籾《もみ》と米とを分類する農具に唐箕《とうみ》がある。これも箕という字が入っている。箕と唐箕は形態も構造もまったく異なるが、その共通点を考えてみると、唐箕の風を起こして穀物と不純物を分類する機能にある。『日本民俗大辞典』によると、箕は「風力を利用して実と殻の選別、あるいは塵《ちり》の除去をする用具」とあり、まさにこれが箕本来の機能であった。承平年間（九三一―三八）に成立した『和名類聚抄《わみょうるいじゅうしょう》』にその名が見え、古くから使用されてきた民具である。

（二〇〇四・一一・一九）

箕
「日本農書全集」第15巻
『農具便利論』(農文協刊)
より

トオシ（菜種篩）

粗い目で菜種を選別

秋に植え付けた菜種は、春になると一面に真黄色の花畑を出現させ、人々の目を楽しませた後、やがて黒い小さな粒の種を結ぶ。種には四〇％の油を含み、これを搾《しぼ》って油を取り、搾りかすは肥料として田畑に戻し、菜種油で揚げ物などをした後の廃油を精製してガソリンの代用にするという循環型社会を目指す運動が行われている。「菜の花プロジェクト」といって、活動の様子は『菜の花エコ革命』に詳しい。

かつて二毛作地帯では裏作の一つとして菜種を栽培していた。黒い種ができてくると、根元から刈り、その場で並べて天日に干す。三、四日して裏返し、十分乾燥したところで脱粒する。筵《むしろ》の上に並べてヤタカチボウで打つと、よく乾燥しているので枝が折れ、種を包んでいた皮も落ちる。枝や皮や種の混ざったものをザスというが、これをトオシに入れてふるうと種だけが落ちて選別できる。幅約八ミリの竹で浅い籠《かご》状に編んだ篩《ふるい》である。口径が七六センチで底は六角形、籠目も六角形で二・五センチを測る。目が粗いため菜種を通すのに便利で、大きさに差はあるがどこの家でも使用されていた。

菜種殻はよく燃えるので、松明《たいまつ》祭りの松明の材料となり、菜種は余すことなく利用できる。

（二〇〇五・五・一三）

テカゴ（手籠）
メダケの皮はぎ編む

竹は木に比べてしなやかなため加工が容易で、適当な幅に割って身を薄くはぐと、さまざまな形に編むことができる。このため竹は古くから利用されてきた。すでに平安時代に書かれた『竹取物語』の冒頭に、竹取の翁《おきな》は「野山にまじりて竹を取りつつ、よろずの事に使いけり」とあるように、早くから職業化し、『近世職人尽絵詞《つくしえことば》』にも籠《かご》編みの竹細工師が画かれている。余談ながら、家へ連れて帰ったかぐや姫を籠に入れて育てるが、それは聖なるものの容器であると注釈がある。かぐや姫を見つけてから翁は竹を取るたびに黄金のある竹を得て裕福になり、ついに竹取りをやめてしまう。

テカゴはメダケを八つ割りにし、身と皮とにはぎ、皮の部分を水に浸《つ》けておいて籠に編んだものである。口部の直径が二六チセンの円形であるのに対し、底部は安定がよいように一辺が二三チセンの四角形になっている。把手《とって》を除く籠の高さが一六チセンで、手ごろな大きさのため用途が広く、さまざまに利用されてきた。一例をあげると、柿の実を採るとき、小芋を洗って運ぶとき、弁当を運ぶとき、また物を入れて天井から吊り下げ収納保管するなどに用いられた。

俗信ではあるが、幼児が籠を頭に被《かぶ》ると大きくならないなどと昔はいったものである。

（二〇〇五・四・一五）

アラズ（荒簀）
流水を調節する簀

川をせき止めて魚を捕る漁法をヤナ（簗）とよぶ。琵琶湖に流入する主な河川には、このヤナが仕掛けてあり、マス、ハス、ウグイ、近年では放流用の小アユを盛んに漁獲している。ヤナは姉《あね》川、犬上《いぬかみ》川、宇曽《うそ》川などで形態がそれぞれ異なり、湖西の安曇《あど》川では、カットリヤナという漁法が行われている。

このヤナは、下流に向かって半円形につき出した形で簀《す》をはり、両岸近くの流水を強くして、上ってきた魚が自然にカットリグチへ落ちるようにしてある。それで、流水量の調節が好、不漁の大きな決め手となり、増水してくるとアラズをはる。

アラズは、篠《しの》竹を荒縄で三段に編んだもので、ウグイ、ハスなどアユより大きい魚がぬけない程度の間隔にしてある。毎年一〇〇枚余り用意しておく。一枚は八二×九五センチ。

（一九八六・三・二一）

『大正期の漁法』によると、安曇川の北船木《きたふなき》にあるカットリヤナでは、小簀《こず》、板簀、荒簀、受簀の四種類の竹簀を使い分けて漁が行われる。このうち受簀だけは割った竹を編むほかは、すべてシノベと通称する篠竹を用い、小簀と板簀は細い棕櫚《しゅろ》縄で隙間を詰めて編んだ簀で、水流が緩やかなときに用いるが、増水して急流となるとアラズに変える。

（二〇〇五・九・一）

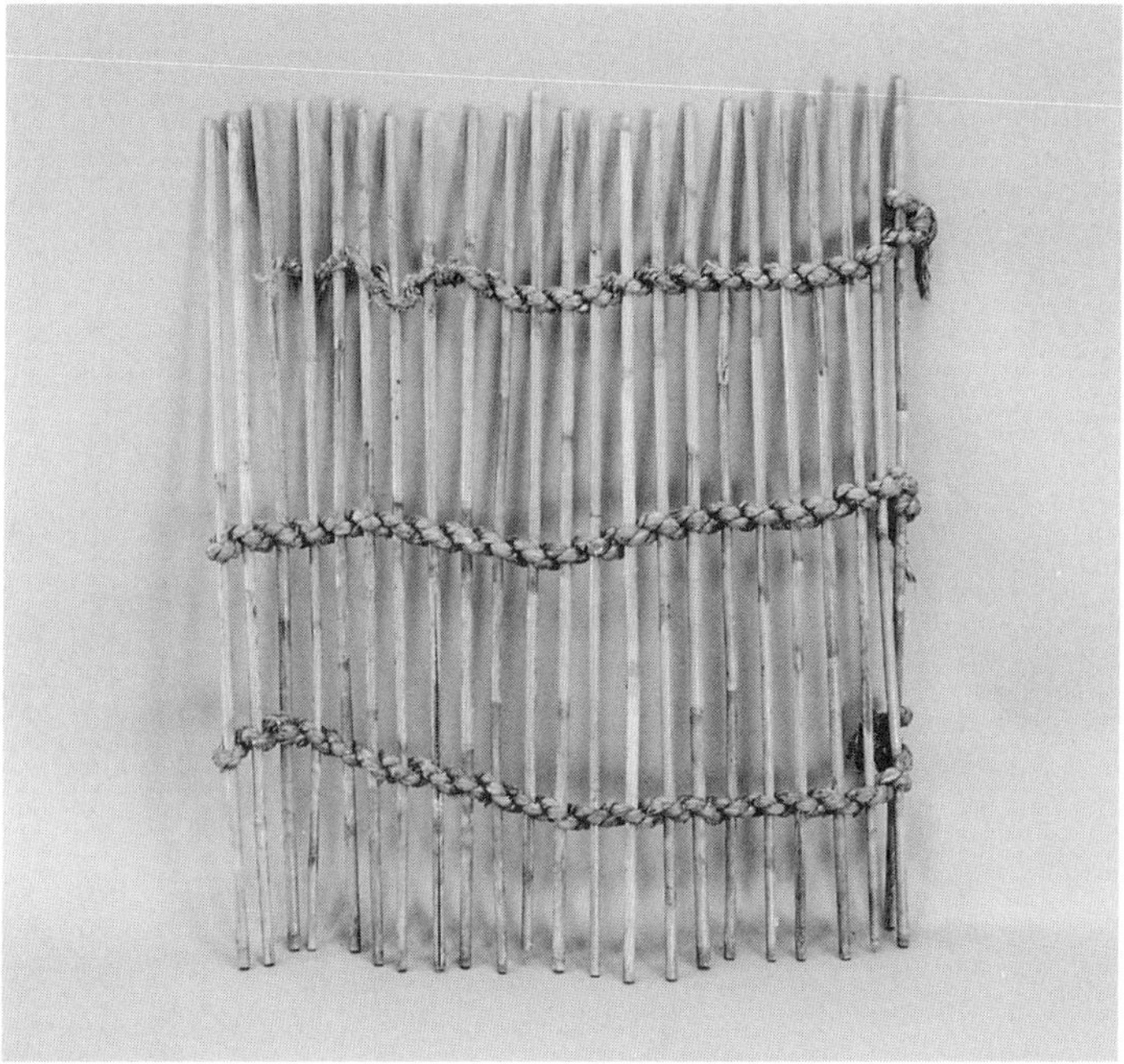

スキバリ（結き針）

漁網修理の竹製道具

夏期はめぼしい魚も捕れず、高温のためすぐに鮮度が落ちるので漁業も盛んでない。秋の漁期を前にして漁師は傷《いた》んだ網の繕《つくろ》いなどをした。今では漁網会社へ必要とする網の詳細を示せば注文どおりに製網することができ、古くなった網の修理などはせず、年々新しい網を購入して漁をするようになった。しかし、かつてはスキバリと目板を使って修理し、たとえ購入しても真ん中の網だけで、縁の部分はこれらの道具で編み足して自分なりの網に仕立てていた。

漁師は、写真のように長さや幅の異なるいく種類ものスキバリを用いて網をすき、糸の太さや網目の大きさによってそれを使い分ける。目板は写真の右端にあるような小さな竹片で、網目の大きさを示し、スキバリと同様に漁師は自ら竹を削って大小さまざまな目板を作る。

市販品はプラスチック製に変わってきているが、竹製は皮を残し、身の部分を薄く削って先をとがらせ、糸を掛ける窪《くぼ》みを作っている。写真には一一本のスキバリが写っている。もっとも長いもので一〇六ミリ、幅八ミリ、くり抜いた部分の長さが三〇ミリ。もっとも短いのは七五ミリ、幅四ミリ、くり抜き二一ミリで、手中に収まるほど小さい。

（二〇〇四・九・一〇）

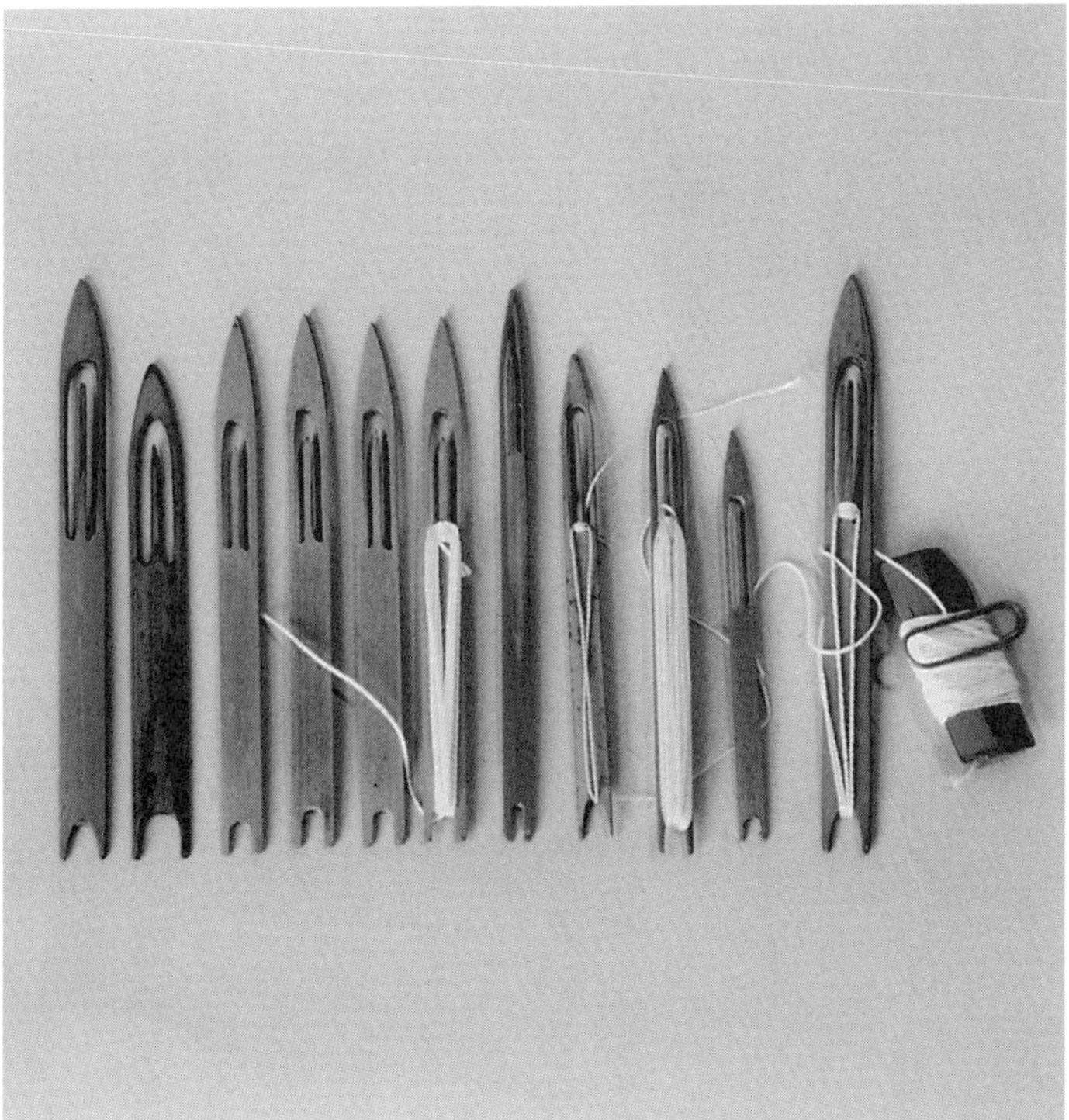

ウエ（筌）

魚の入るのを待つ漁具

琵琶湖には、約六七三平方キロという広大な水域のなかに固有種をはじめ数多くの魚貝が生息しており、それを捕獲するためのさまざまな漁法が行われている。内水面という限られた水域では、仕掛けにかかるものだけを待ち受け捕獲する「待ちの漁法」の思想が貫徹しており、とりつくして種の絶滅を招くような漁具は考案されていない。

筌は魚が入るのを待つ漁具である。竹を細く割り太糸や棕櫚縄《しゅろなわ》で簀編《すあ》みし、筒状に整えた一方を束ねて閉じ、もう一方に戻りを付ける。戻りの付いてないのを滋賀県内で見受けることはまれで、ウエ、ウケ、ノゾ、モジ、モンドリなどと称され、生のシジミを割って餌に入れるなどして魚が入りそうなところに仕掛けるが、まさに人と魚の知恵比べである。捕獲対象魚によってドジョウウエ、ヒガイウエ、ウナギモジ（117ページ写真）などと呼びわけ、簀編みの間隔が異なる。ドジョウやウナギのようにくねくねした魚は竹ヒゴの隙間を詰めておかないと逃げられてしまう。

近年は市場にのらないのでヒガイ（鰉）を食べることが少なく、知らない人もいるだろうが、かつて湖南から湖東地域ではヒガイウエがたくさん作られたようである。『琵琶湖水産誌』（明治四十四年刊）に体長約五寸（一五センチ）

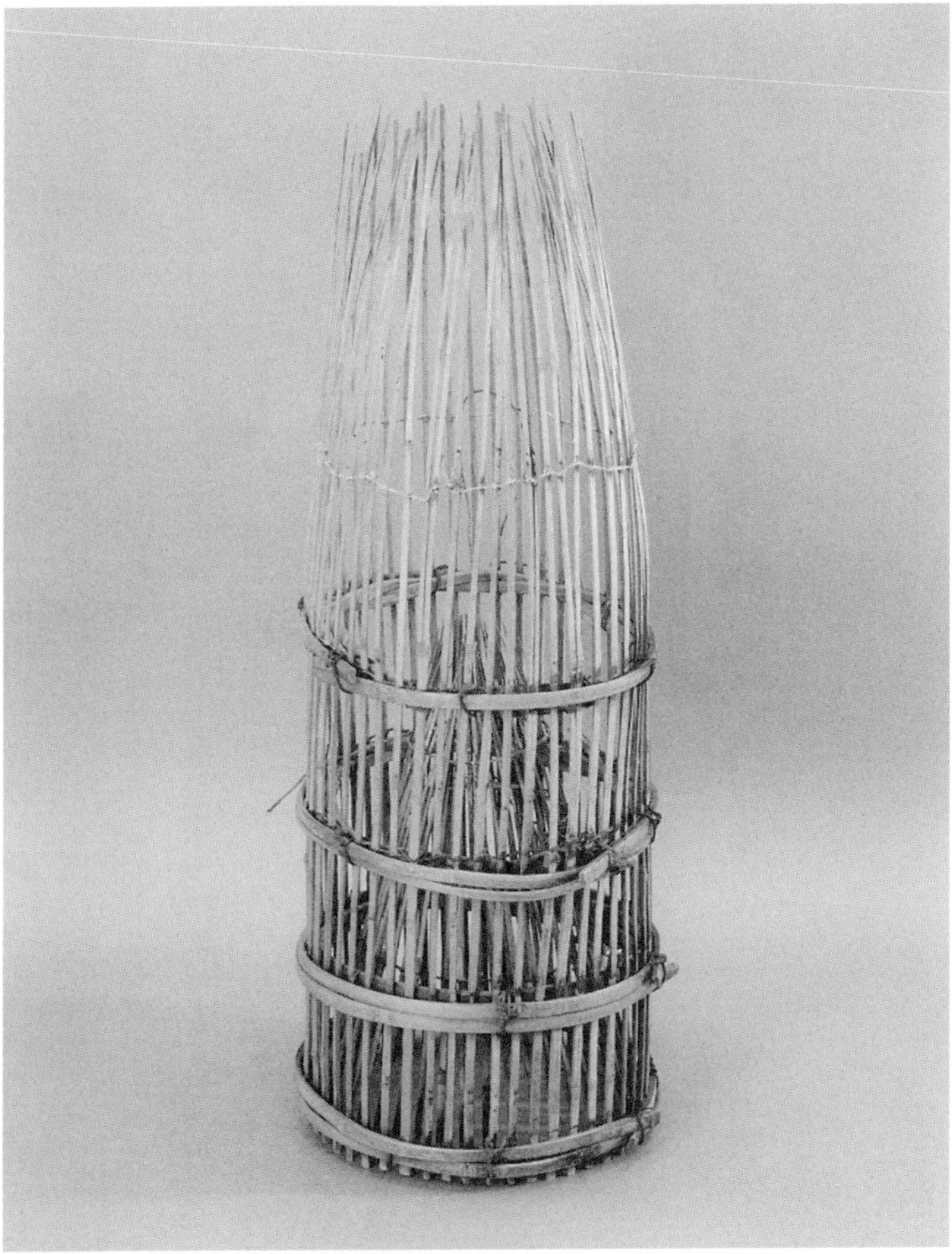

■115

とあり、そう大きい魚ではないが、瀬田川では径三四・五チ《センチ》、全長九四・八チ《センチ》のコイやマスでもとれそうな大きいヒガイウエ（前ページ写真）が使用されていて驚かされる。大津市堅田《かたた》などでは筌を一〇〇とかそれ以上の数を延《はえ》縄《なわ》式につなぎ琵琶湖に仕掛け、内湖に面した能登川町伊庭《いば》などでは、ゼゼラモジといってヌカエビを餌に、川上へ口を向けてイシモロコもとった。

琵琶湖に対して、田の水口などで農家のおかずとりに行われたのが小型のドジョウウエで、食卓に動物性蛋白を供給した。（一九九七・七・一）

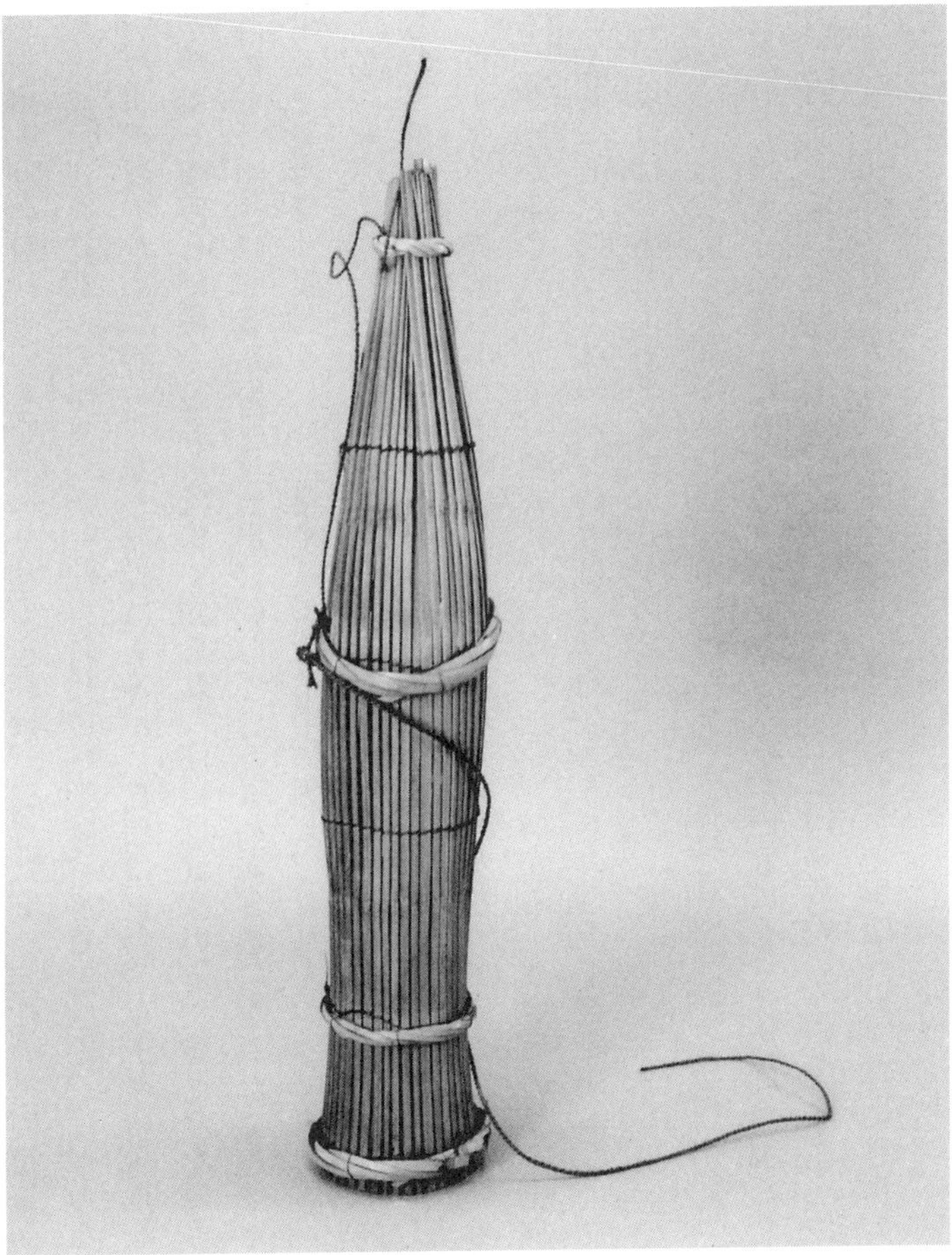

ウナギウエ（鰻筌）

入ると出にくい構造

土用の丑《うし》の日にウナギを食べて精力をつけ、暑さに衰えた体力の回復を図る習慣は江戸時代から始まった。江戸時代の科学者、平賀源内が、はやらないウナギ屋のために始めたなど諸説はあるが、真相は謎だ。ウナギの調理法が関東と関西とで異なることはよく知られ、江戸は武家の町で腹切りを嫌うため、背開きにするという。竹串に刺して白焼きのあと蒸し、たれで本焼きする。関西では腹開きして一尾まるごと金串に刺し、たれをつけて焼く。

釣ったウナギは釣鉤《つりばり》を呑《の》み込んでいて、さばく時に包丁に当たり刃こぼれするので板前が嫌う。その点、ウナギウエで捕ったウナギは鉤を呑んでない。

ウナギウエの餌《えさ》はシジミが一番良い。シジミの殻を割って餌が入っていることが分かるようにして、延縄式《はえなわしき》に一度に一〇〇個から一五〇個のウナギウエを約一五メートル間隔で沈める。釣りはほぼ同じ大きさのウナギが掛かるが、ウエの場合は大小さまざまなウナギが捕れる。

ウナギは少しの隙間《すきま》でも抜け出るので、作るときは竹の間隔を詰めて編む。材が硬く緻密《ちみつ》な淡竹《はちく》を幅五ミリほどに割り、表皮を内側にして棕櫚《しゅろ》縄で編んだのち円筒形に作る。ウナギが出にくいようにノド（円錐形の戻りのこと）を二つ付ける。仕掛けるときは口を縄で縛り、捕れたウナギを取り出す時に写真のようにゆるめる。

（二〇〇四・七・一二）

ウナギツツ（竹筒）

ウナギの寝床

琵琶湖でウナギを捕る方法は、大別して二つある。鉤に餌をつけて釣る漁法と返しのついた筌《うえ》を用いるものである。ウナギツツは返しのない一種の筌で、竹を切ってなかの節を抜いただけの非常に簡素な作りである。ウナギやナマズのような筒型で細長い魚が、穴状のところを好んで入りこむ習性を利用した漁具で、日ごろから魚を観察していて生み出されたといえる。

筌や網のように手間をかけて作る漁具は、長い歳月をかけて工夫や改良がなされ多様な形態に発達を遂げた精緻《せいち》なものであるが、ウナギツツなどは、逆に原初的な形態のまま使用し続けられて現在に至っている。それゆえ呼称の変化も少なく、ウナギツツまたはたんにツツと呼ばれている。

とりわけ能登川町伊庭《いば》で用いられていたタケツツは、延縄《はえなわ》式でなく、一本の竹に棕櫚縄《しゅろなわ》をつけて葭《よし》一本を浮きとする素朴なもので、シジミやイシガイを砕いて餌とし竹の中ほどへ入れて川へ沈める。各地の竹筒を測ってみると、多少の誤差はあるが、だいたいが長さ一〜一・二メートル、直径四〜六センチ、節の数が二〜四節のなかにおさまる。長い経験から割り出された寸法で、水中からツツを引き揚げるとき、なかのウナギが逃げないで、かつ扱いやすい寸法といえよう。これを二本並列に、または三本まとめて両端を棕櫚縄でくくり、

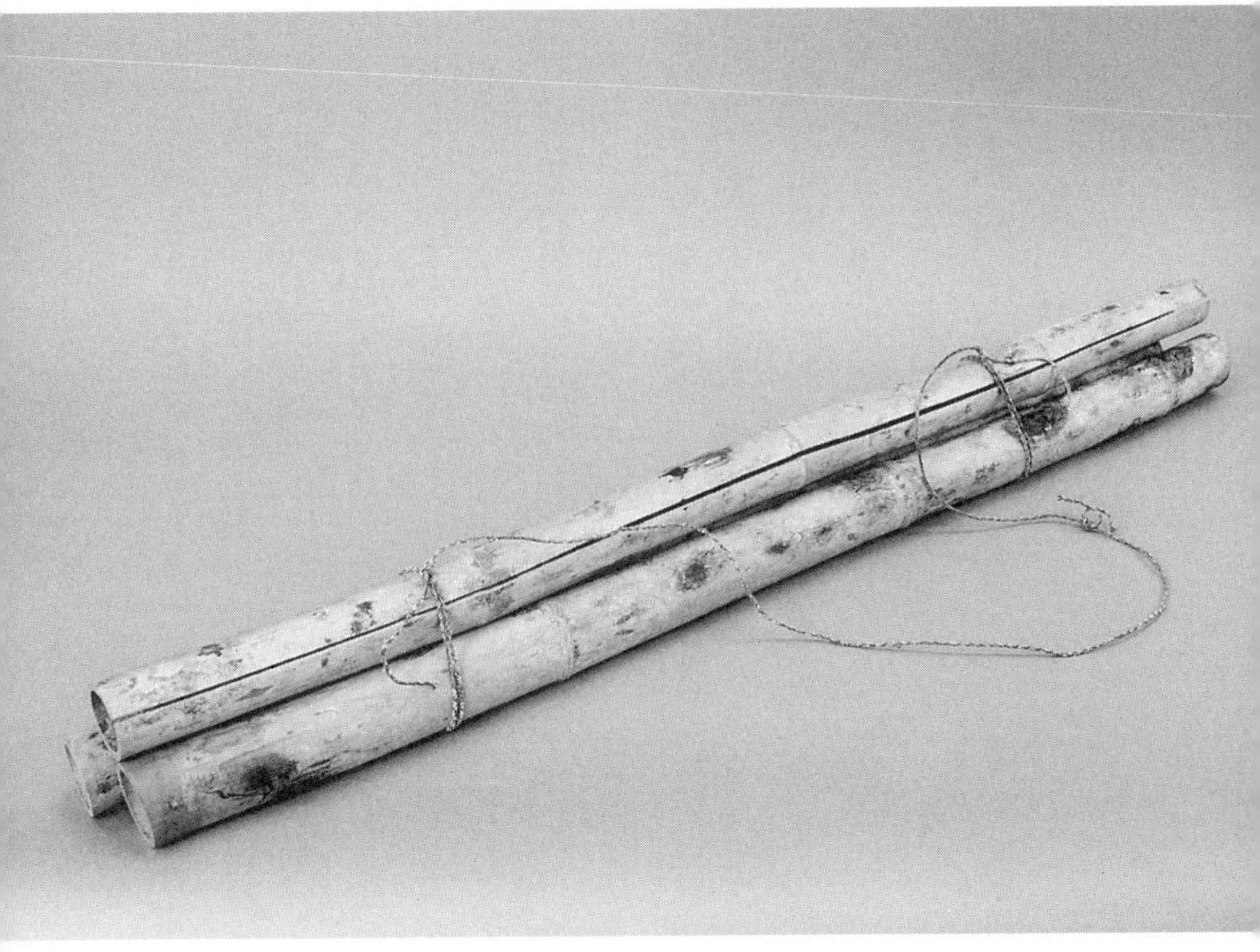

引き上げたときに平行になるようにするのが一般的なウナギツツ漁法で、延縄の場合、二、三尋《ひろ》(約三・六〜五・四メートル)に一組ツツをつけ五十組ほどを湖底へ沈めておく。

ツツの漁法には、餌を入れるエヅツと入れないステヅツとがあり、エヅツは夜行性のウナギが餌を食べにくるのを狙うため、夕方仕掛けて翌朝早く引きあげ、ステヅツは二、三日沈めたままにしウナギが居着いたころに捕る(『湖西の漁撈習俗』)。ツツに入るのは、ウナギだけでなくヒガイなどの小魚も獲れるのを昭和五十六年(一九八一)に高島町で実見したことがあり、簡単な仕掛けで漁獲が得られた古き時代のあったことを思いめぐらした。青竹の場合は、水に浮き上がらなくなるまでしばらく漬けておいてから使用する。それで以前はエリ(魞)竹などが転用されたが、エリ杭がパイプ管に変わり、ウナギツツも塩化ビニールかプラスチックの管を利用するようになった。それらの多くは返しがついているので筌と変わらないが、なおウナギツツと称しているのは、竹筒から変化したことを覚えているからであろう。

(一九九八・七・一)

エビタツベ（蝦竹瓮）

スジエビや手長エビだけを捕獲する

エビタツベは、琵琶湖のスジエビやテナガエビを獲《と》る漁具である。二〇〇個とか三〇〇個といったまとまった数のタツベに練《ね》り餌《え》をいれ、延縄《はえなわ》式に細縄でつないで浅い湖底に沈めておき、翌日引き上げる。エビをとりだすと、すぐに餌を入れて再び湖底に沈める。

餌は、漁師によって異なるが、米糠《ぬか》、魚肉、芋などを煮て練り、だんご状に作る。市販のペレットを使用することも多くなったが、塩魚のあらを入れるとテナガエビがよく獲《と》れるとか、サツマツモを蒸《む》した餌だとモロコやハエ（オイカワの別名）が入るという。

一ダテを二〇〇にするか三〇〇にするかは漁師の作業量と関係する。また、延縄につけるタツベの間隔は、一～二尋《ひろ》（一尋は、両手を広げた長さ）、二尋半などと漁師により差がある。

エビタツベの構造は、部品の写真でもわかるように、幅の狭い竹簀《す》の両端をつなぎ合わせ、竹の箍《たが》をいれて輪にし、底へブリキの円盤を、上に返しを付けたものである。青竹を割る前に墨を付け、墨の線にそって外皮を外に簀を編む。割り竹の幅は三～五ミリで、竹と竹の隙間は二ミリしかない。返しは、県内では一般にノドと呼んでいるが、竹の一方を細く削り扇形に編んで取り付ける。ただ全部取り付けないで、六分の一ほどは紐《ひも》を解くと開くようにしておき、ここから獲物を取り出す。仕掛けるときは紐を閉じ、先に付けた竹の栓でゆるまぬようにしておく。長持ちさせるためにコールタールを塗るのもエビタツベだけである。テナガエビはスジエビよりも大きいので、タツベの大きさは変わらないが、返しの口で大小の差がある。

漁師が冬の間に作り、春からの漁期に備えた。一度にまとまった数を必要とするため、漁具の会社でも製造をするようになり、最初はいたみやすい返しの部分を取り替えるものであったが、すぐに完成品が大量に出回るようになった。これは底に錘《おもり》が付けてある。

エビタツベは、形態が画一的ですべて同じとみられがちであるが、計測してみると寸法に微妙な違いがみられる。手作りのなせる技で、市販品はその平均値に近いものが作られている。高さ一五センチ、上径二〇センチ、五〇〇グラムぐらいが標準タイプといえる。

テナガエビは高級ながら、スジエビは庶民の味で、えび豆など佃煮《つくだに》にするとおいしいが、近年は生のエビを売る川魚屋がめっきり減ったように思う。

（一九九八・四・一）

125　エビタツベの部分品　(筆者撮影)

コイタツベ（鯉竹瓮）

霞ヶ浦から伝わった漁具

明治四十四年（一九一一）に高島郡教育会から刊行された、中川源吾・饗《あい》庭《ば》喜代蔵共著になる『琵琶湖水産誌』は、まず最初に湖魚の王様である鯉《こい》から書きはじめている。それによると、鯉を、真《ま》鯉、大和《やまと》鯉、川筋鯉の三種に分け、その生態を記したのち、漁法を「魞《エリ》、地曳《ビキ》網、大網、葭巻《ヨシマキ》網ヲ以テ捕獲ス」とあり、コイタツベがあげられていない。

じつは、滋賀県水産試験場の野崎民平技手が大正五年（一九一六）十一月から翌年五月まで調査した報告によれば、コイタツベは、大正五年に茨城県霞ヶ浦《かすみがうら》の漁師松崎幸太郎が大津へ来て製法を教え、堅田の漁師が使いはじめた。最初は製作、使用法は秘伝と称してなかなか教えなかったが、多数注文した者だけには伝え、堅田漁師が堅田付近や内湖の葭地で試みた。

一人が一晩に五〇個ほどを使用し、生麦を煮たえさを一握りほど入れて沈めておいたのを、翌朝に取り揚げる。漁期は、四月初めから十一月末までで、盛期は六月、漁具の耐用年数は三年、新調費は一個五〇銭とある（『大正期の漁法』）。滋賀県においてはまだ八十余年の歴史しか刻んでいないが、由来のはっきりしている漁具といえる。

コイタツベの導入と関係があるのかわからないが、琵琶湖には別にねぎ坊《ぼう》

コイタツベ漁　(筆者撮影)

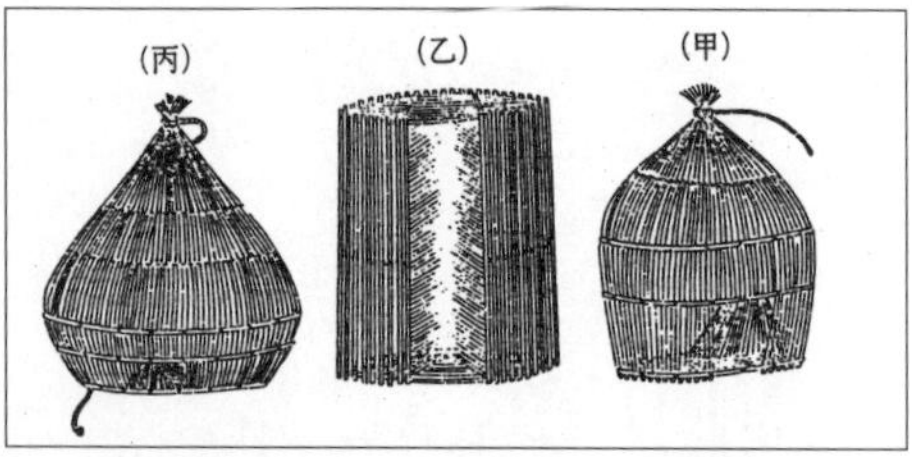

主頭《ずあたま》の形をした図のようなタツベがあった。これは昭和九年（一九三四）に県の内務部商工水産課が刊行した書に掲載されたもので、中央がコイタツベで、左右のを雑漁タツベと称し、（甲）は「従前は鯉を捕らえるに使用した形状である」と説明されている。わたしが琵琶湖の漁撈《ぎょろう》調査をはじめた昭和五十年代にはすっかり姿を消していて、実物を一度も見ることはかなわなかった。多くの人を介し図をコピーして探してもらったが、ついぞ発見することができず、琵琶湖博物館にも収蔵されていない。

すでに昭和九年の時点で、コイタツベといえばすべて円筒形をした(乙)の形になっており、(丙)の「形は漸次減少し、現在ではよほど少ないようである」と、戦前にねぎ坊主型のタツベが廃絶する方向にあることを伝えている。

割り竹を編んで円筒形の目の粗《あら》い籠を作り、横に魚の入口を設けて細く削った竹串でノドとよぶ「返し」をつけ、なかに入った魚が出られなくしてある。漁師により、また使用する地形により円の直径と高さの比が異なる。重石を入れ、水深の浅い所で葭や藻のあいだに沈めておくと、鯉や鮒《ふな》が捕れる。五月六月の産卵期以外にも麦粉だんごなどの餌を入れて使用したが、近年は見かけることが少なくなった。

（一九九八・一一・一）

オウギ（伏せ籠）

水中の魚を被せ捕る

漁具には、専業漁民が生業《なりわい》として用いる漁具と、農民が農閑期などを利用して片手間に行う漁撈《ぎょろう》用具とがある。このほかに最近は趣味としてスポーツフィッシングの釣り具などが加わり、釣り愛好家の需要が研究開発を促進して優れた高級品が普及しているところである。このうち衰退の著しいのが農民の行う漁撈活動で、環境の変化などにより川に魚がいなくなったことも関係しているが、農閑期に漁をして副食の補いを確保する必要性がなくなったことは大きい。そうした中で、今も溜池《ためいけ》の水を落とし伝統的な漁法を続けているところがある。

八日市市柴原南《しばはらみなみ》では、夏の終わりに宮溜《みやだめ》の水を落とし、春に放流しておいた鯉の稚魚が半年後に成長したのをオウギという一種の伏せ籠で捕獲する漁が毎年続けられている。漁の権利を有する人がいっせいに池に入ると、めいめい膝《ひざ》上まで水に浸かりオウギを右へ左へ交互に被《かぶ》せながら進む。うまく獲物に被せたときは手応えがあるようで、籠の中から大きな魚をつかんで腰に付けた網の袋へ入れ、ふたたび前進する。このあたりの家では、たいていがオウギという漁具を保持してきた。

オウギは、一定の長さに切った竹を割り、これを棕櫚《しゅろ》縄などで編み、裾《すそ》広がりの円筒形に仕立てたもので、内と外に箍《たが》をはめて固定するとともに、上縁部は藁《わら》などをあてて丸く持ちやすくしてある。割竹の長さは五、六〇チ《センチ》で、節を利用して、上部は一つでも裾《すそ》では二、三に割り広げてある。割竹が扇《おうぎ》の骨のように末広がりに割ってあるところからその名が由来するかと思われるが確証はない。

これは溜池などで用いる漁具と思っていたが、琵琶湖でも松明《たいまつ》をつけて夜寝ている魚に伏せたり、産卵に遡上《そじょう》するフナやナマズを捕るという。国立民族学博物館には、これと同系統と目される東南アジアの漁具が展示されていて、東アジアに分布する漁法が滋賀県へも及んでいることを知り、漁具一つをとってみても世界へのつながりを感じずにはおれない。

(一九九九・一〇・一)

ドンジョケ（泥鰌笊）

小魚を足で追い捕る

ドンジョケは、どちらかといえば農村の漁具である。川や湖岸の草陰にいる泥鰌《ドジョウ》などの小魚を足で追い出し、これですくい捕る。県内では泥鰌のことをドンジョと呼ぶ。ドンジョケは、泥鰌を捕るショウケ（ザル・竹籠のこと）を縮めた言い方ではなかろうか。

この形式の漁具は県内各地で用いられており、ドンジョケのほかにドンジョフミ・ショケ・ナガジョケ・イカキ・トバシカゴなど用途や形状によりさまざまに呼び分けられる。江戸時代の方言辞典である『物類称呼《ぶつるいしょうこ》』によると、畿内（大和《やまと》・山城《やましろ》・摂津《せっつ》・河内《かわち》・和泉《いずみ》）及び奥州《おうしゅう》（東北地方）にてイカキ、江戸にてザル、西国及び加賀越前にてショウケというとある。

呼称から民具の採集地を分類すると、イカキは野洲町、ショケは志賀町、ドンジョケは高島郡、ドンジョフミは八日市市や蒲生町、トバシカゴはびわ町に分布する。トバシカゴの名は、漁師が漁獲したエビや小鮎《あゆ》などの小魚を選別し、余分なものをとばすことからついた。

いずれも楕円《だ》形で、呼称や使用地による形状の差異はない。長径が七四～九七センチ《セン チ》、短径が三〇・五～五〇センチ《セン チ》で、特別大きいものに長径一三〇センチ《セン チ》がある。

（二〇〇四・七・一六）

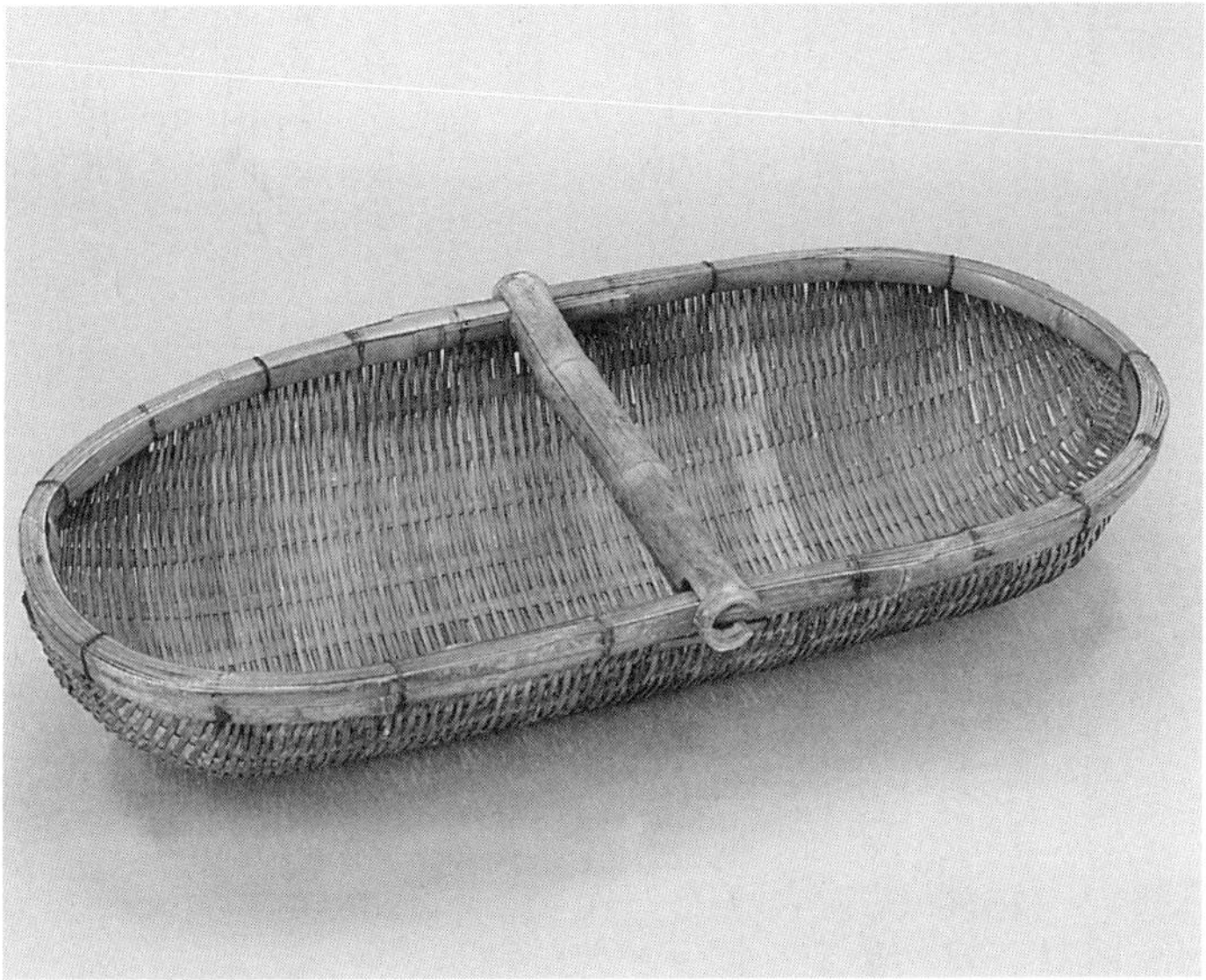

ハネテンゴ
落ちアユを入れる籠

県内のアユ漁は、琵琶湖にいるアユを網で、あるいは川を遡《さかのぼ》るアユを簗《やな》などで捕獲する方法がとられ、秋に川を下る「落ちアユ」を捕る漁法は行われていない。

理由の一つは、琵琶湖に流れ込む川が、海まで流れる河川に比べて流路の総延長が短く、アユが大きく成長するのに必要な餌の水苔《みずごけ》（珪藻類《けいそう》）が十分に生育しないためと考えられている。また、アユは生まれて一年で寿命を終える魚で「年魚」と書き、頭から骨ごと食べられるが、死を迎える秋には骨が硬くなるために、商品化がしにくいこともあったのであろう。

しかし、明治初期の作と推測される「近江水産図譜」の漁具之部にはハゼ簗が描かれ、流れに対して竹簀《たけす》を斜めに差し入れ、上流から流下してきた魚が竹簀の上で跳ねている絵がある。これを見ると、古くは各地で落ち簗を設置して秋にもアユ漁をしていたことが推測される。

ハネテンゴは叉手網《さであみ》で捕った落ちアユを入れるもので、籠ごと川の水に漬けてアユを生かしておく。底は長方形、上部はやや楕《だ》円形をした竹籠《かご》で、長径六四セ ン チ、高さ五二セ ン チを計り、籠屋職人が製作した。これは今津町浜分《はまぶん》で使用されていたが、マキノ町知内《ちない》の人通川でも同じ漁法があったという。

（二〇〇四・九・二四）

ハリカゴ（鈎籠）
ウナギ釣りの鈎を収納

　琵琶湖にはさまざまな漁法があるが、釣り漁の種類はあまり多くない。ところが大津市堅田《かたた》には釣り漁を得意とする漁師がいる。堅田には古くから北に釣り漁師、南に網漁師が住んでいて、今では北の方が漁業が盛んなのでそちらに大きな漁港や漁業協同組合の事務所が建てられている。

　ハリカゴは、ウナギ、ナマズなどを捕るハエナワ（延縄）のはいった竹籠《かご》で、写真のものは高島町勝野《かつの》で使われていた。堅田でも同じものを船に積み、何日も船上で寝泊まりしながら漁を続けたという。漁法は、親糸に一米《メートル》足らずの枝糸を一籠で約二百本つけ、湖底に張りわたす。餌《えさ》はミミズ、トンボの幼虫、ドジョウなどで、釣鈎《つりばり》には戻りがついており、ウナギはのどの奥深く飲み込むので糸を切らないとはずせない。

（一九八六・一一・一一）

　昭和六十一年（一九八六）から五年間、琵琶湖の漁法を映像で記録したことがある。平成元年（一九八九）堅田の漁師さんの船でウナギ釣りの餌にするトンボの幼虫ヤゴを捕るのに連れていってもらったことがある。夜明け前に堅田漁港で漁船に乗り、野洲川河口の沖まで行って、シジミ掻《か》きのマンガで湖底をさらえた。船上へ引き上げてみると、泥の中からヤゴがうようよといっぱい出てきたのにはとても驚いた。

（二〇〇五・八・一〇）

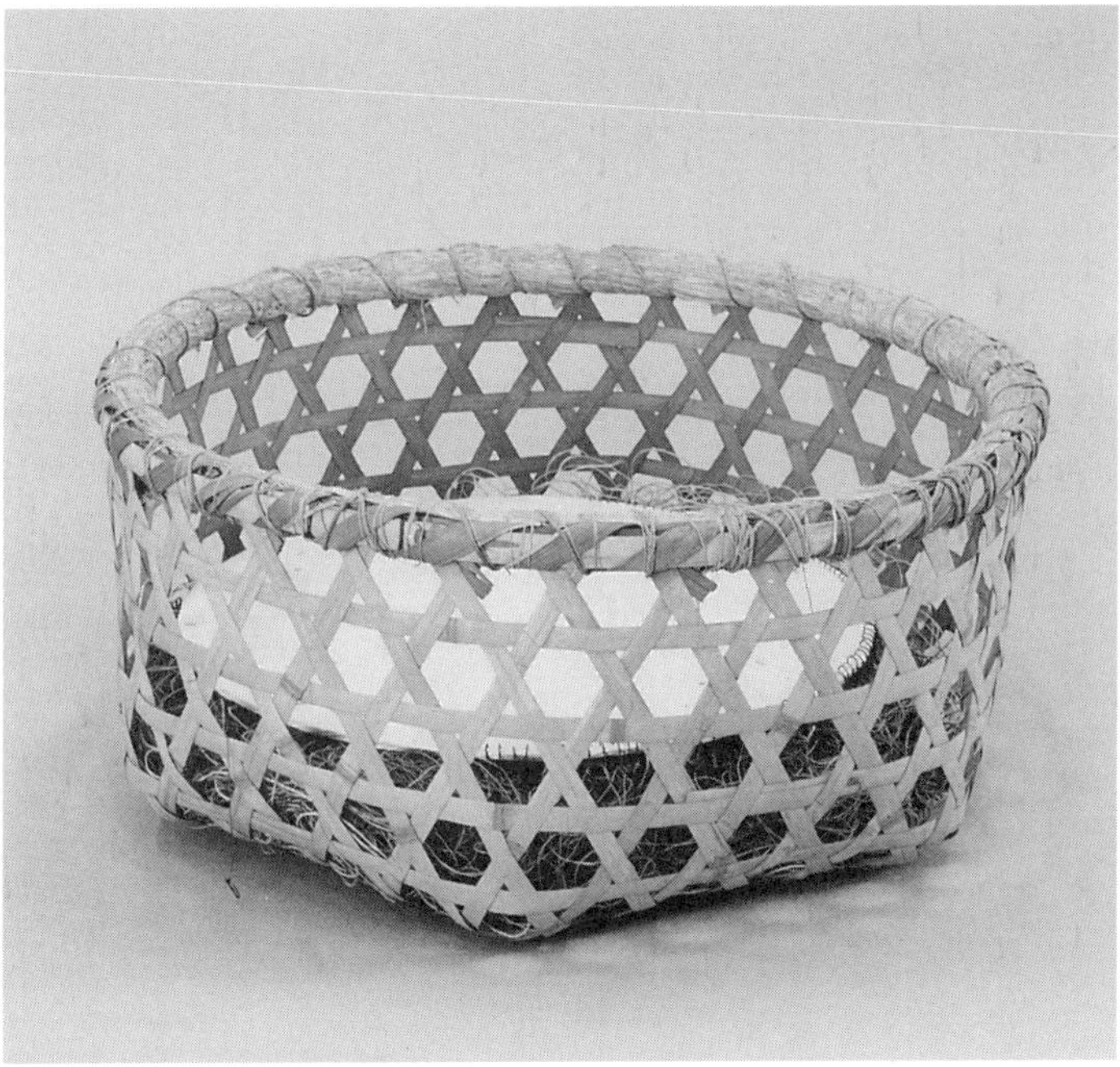

エンシュウカゴ（遠州籠）

ウナギの輸送籠

土用の丑《うし》の日は、ウナギにとって一年で一番の厄日《やくび》である。ウナギは琵琶湖でも捕れるが、全国的には、静岡県浜名湖産のウナギが名高い。旧国名の遠江《とおとうみ》は、浜名湖が琵琶湖に比べて都より遠いことによるが、そこからウナギを入れて送られてきた竹籠をエンシュウカゴと呼んでいる。

四つの籠に、それぞれウナギを入れて重ね、その上にふたをして一組とする。ふたの形は籠によく似ていて、少し浅い。その上から少しずつ水をたらすだけで、籠のウナギは生きているという。

エンシュウカゴは、魚を入れると水切れもよく、漁師にとって便利なので漁業に使うようになり、足りなくて、近くの竹細工屋に注文して作らせたのもあるらしい。エンシュウカゴは、丸籠とも呼び、これの分布する地域が、従来、浜名湖のウナギの販売圏であった。（一九八六・八・八）

口径四三センチ、底径三九センチ、高さ一八センチの大きさの籠で、沖島ではウロリ（ゴリ）を入れるのに使用していた。ゴリ曳き網漁に六、七籠積んでいき、一籠に一〇～一二キロのゴリを入れる。一年間使用すると壊れてしまうので、安土か近江八幡で買い換えねばならない。また、漁師は籠をゴワセにする（伏せる）ことを嫌がる。（二〇〇五・八・一六）

ドンベ（胴瓶）

稚アユ入れる生簀

昨秋に河口付近で産卵したアユの卵は孵化《ふか》して、十二月ごろには琵琶湖でヒウオとして漁獲される。それが三月中旬ともなると体長七、八センチの稚アユとなって次第に川を上り始め、アユ漁の時期を迎える。

姉川河口に位置するびわ町南浜《みなみはま》や中浜《なかはま》では、稚アユを四《よ》ツ手《で》網で捕獲する。地元では「四ツ持ち《ヨツモチ》」とも称する四ツ手網は、四角い網の四隅に竹棹《たけざお》を付けた古風な漁具で、魚が入ると竹棹を引き上げ、体を回転させて捕れた魚を網から直接ドンベへ入れる。四ツ手網の竹棹の先を結んだ四角形の網の一辺は三メートルを超えるため、ドンベも大きく口径は一メートル近くあり、胴の直径は一・四メートルに達する。ドンベは川に浸《つ》けてあり、一種の生《い》け簀《す》となる。

ドンベは、幅一・八センチに割った竹で隙間《すきま》なく編んだ竹籠《たけかご》で、細い稚アユがすり抜けて出ないようにしてある。籠を編む人も限られ高価なため、長持ちさせるように表面に黒くコールタールを塗ると、十年から二十年は使用できる。写真はコールタールがかなりはげ落ちてしまっている。ドンベエとも呼ばれ、南浜の漁家ならどの家も所有していて、集落を歩くと家の外壁や納屋の中、また川岸に伏せたり吊《つ》ったりしてあるのを見ることができた。

（二〇〇五・三・一一）

タケノカワ（竹の皮）

軽量で便利な包装具

近ごろ見かけなくなったものにタケノカワがある。タケノカワが民具といえるかどうか分からないが、容器の代用ともいえる包装具で、軽量な上に使い捨てできるとても便利なものであった。御飯の上に酢サバを載せた鯖《さば》ずしは今もタケノカワで包む。握り飯をいくつかくるんで弁当に携行したり、牛肉を買うと以前はタケノカワに包んでくれた。これはタケノカワが食物の腐敗を防ぐビタミンKを多く含んでいるからで、食物の包装のほかに、笠、草《ぞう》履《り》、馬《ば》連《れん》などにも用いられてきた。

真竹や孟宗竹《もうそうだけ》は春に筍《たけのこ》が芽を出し、約三カ月で親竹と同じ高さまで成長してしまうが、その過程で竹を包んでいたタケノカワがはがれ落ちる。五月から六月ごろ、竹の節と節の間が三〇チ《セン》以上生長する年に、長い皮のみを採集して汚れを洗い落とし、使用するときまで乾燥保存しておく。ただし、毎年長く伸びるとは限らない。写真のタケノカワは長さが五八チ《セン》ある。

タケノカワを使用するときは、一度水につけてしなやかにし、皮の端を細く裂いて紐《ひも》とし、包装した上から結ぶ。頻繁《ひんぱん》に使用していたころは、タケノカワを伸ばした状態で売っていたが、今では一枚ずつ折り畳んでスーパー・マーケットなどにも置いてある。

（二〇〇五・六・一七）

藁細工・藁製品

ツト（苞）

餅や石、包む藁束

ツトは漢字で草冠に包と書く。小学館の『日本国語大辞典』によると、「わらなどを束ねて、その中に魚・果実などの食品を包んだもの」をいい、包むと同じ語源とある。今の包装紙にあたる。県内の山の神祭にはツトに餅《もち》や小石、ときには鰯《いわし》などを入れて持って参る。

写真のツトは志賀町小野《おの》のヒトギ（粢）祭に用いられるもので、祭りの前日に宮年寄《みやどしより》の年若が作る。小野神社は、米餅搗大使主命《たがねつきのおおみのみこと》を祭神とするところから十月二十日に米菓製造業の人たちによるヒトギ祭が行われるが、これは戦後に始められたものらしい。地元のヒトギ祭は、十一月二日に宮年寄によって行われる。

宮年寄は十人衆とも呼ばれる村の年長者で実際には十二人いる。前日から水に浸《つ》けておいた糯米《もちごめ》を木臼《きうす》に入れ、杵《きね》で搗《つ》いてシトギ（粢）餅を作る。これをツトに入れたものを三六作り、村の道に臨時にしめ縄を張り一二のツトを吊り下げて太陽を拝む。同じことを村の三カ所で繰り返し、氏子に下げ渡す。シトギ祭というべきところを氏子はヒトギ祭と訛《なま》るのは、太陽を拝むので別に日祭《ひまつり》ともいうことと関係するかもしれない。

ツトは家に吊って五穀豊穣を祈願するが、以前は直会《なおらい》のとき藁《わら》ツトに火をつけてシトギ餅を焼いて食べた。藁の袴《はかま》をすぐって美しいツトを作るようになったのは半世紀ほど前からで、それまでは燃えやすいように袴の付いた藁で五十余りも作った。

（二〇〇四・一〇・二二）

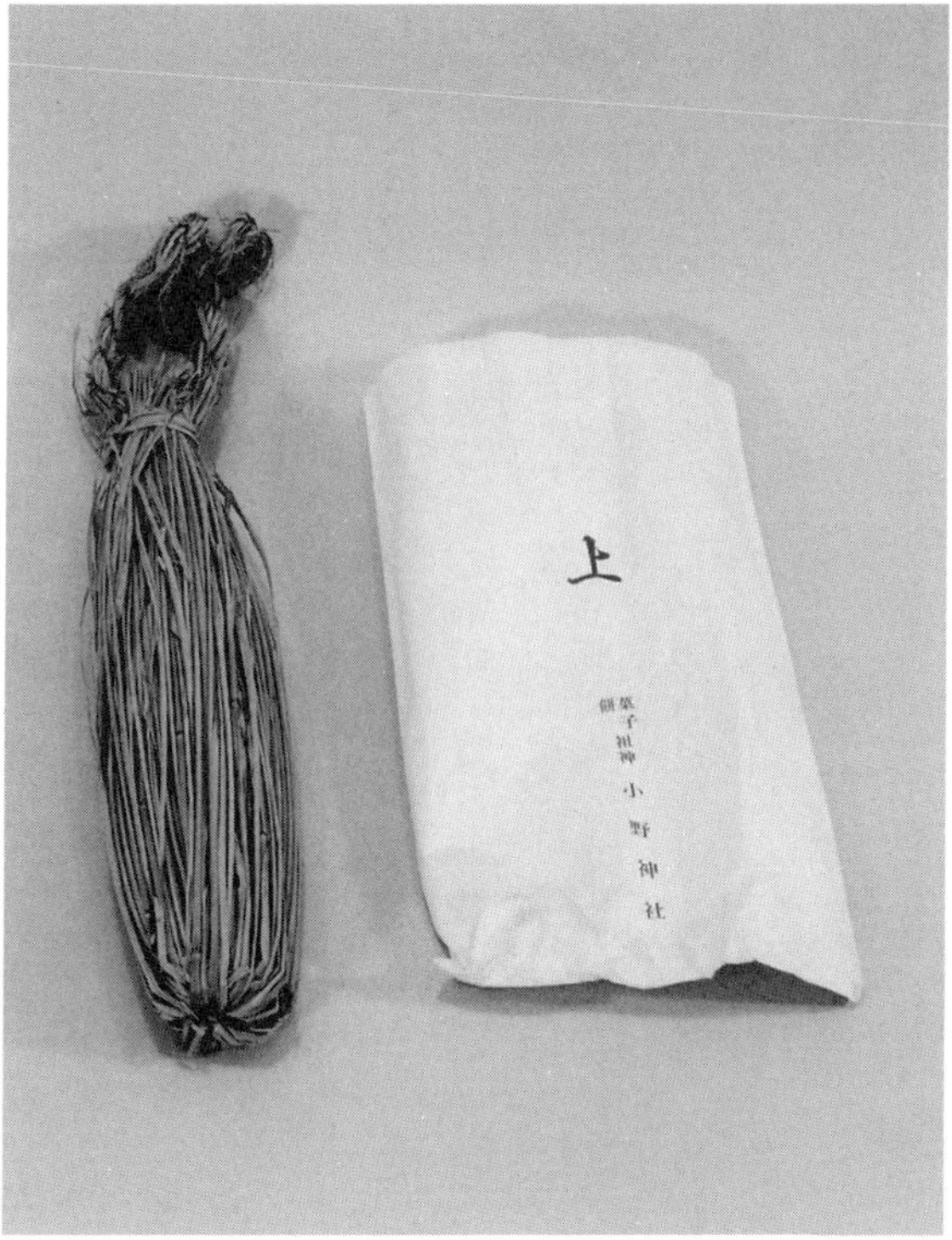

フゴ（畚）

飯櫃を保温する

電気やガスを使って保温する技術のまだなかった時代においても、人々はいかにすれば少しでも温かさを持続できるかということに苦心した。家族が専業で農業をしていたころは、一日分のご飯を朝に炊いてしまい、不足すると夕食に追い炊きする。寒い時期は、昼、または夕方まで温かく保つためにフゴに入れ、夜具などでくるみ、こたつで冷めないようにした。

フゴは、よく打った藁《わら》を束ねて、ぐるぐる巻き上げ、藁縄で編む。両側に耳がついていて持ち上げることができ、形態は写真のように、平べったいのと少し竪に長いのとがある。藁は不思議な保温力を持つという。魔法瓶を応用した、ジャーという保温容器ができ、衰えた。

フゴの呼称は、地域によって乳幼児を入れるイヅメ（飯詰）、魚を蓄養する竹籠にも用いる。（一九八六・三・一四）

炊飯器を使用するようになって、炊いた飯を櫃に移《ひっ》すことがなくなったが、木の櫃は飯の水分を適当に吸湿してくれるので、冷めた飯もおいしいものであった。それでも寒い冬は少しでも暖かいものを口にしたいのでフゴが用いられた。広く利用されたとみえて琵琶湖博物館には各地のフゴが収集されており、神崎郡や愛知郡の一部ではイジコと呼ぶ。（二〇〇五・八・二四）

アシナカ（足半草履）
かかとのない藁草履

藁草履《わらぞうり》を履《は》く機会は、特別の場合を除いてほとんどなくなった。一昔前までは下駄《げた》と並んで最も一般的な庶民の履き物として多用され、素足ではいたときの藁の感触は、何ともいえない気持ちよさがあった。

アシナカは普通の草履に比べて、足裏に接する部分が半分しかない、踵部《かかとぶ》分のない半草履である。鼻緒の仕様が引き結び（男結び）になっているのが特徴で、近江町ではトンボゾウリとよび、全国的には、ツノゾウリ、コットイゾウリ、タマゾウリ、エボゾウリなどと称し、俗信でマムシにかまれないという。

武士が合戦で戦場を駆けるのに便利に作られたとか、山行きや草刈りにはつま先だけが必要であるとかいうが、これが草履の古い形ではなかったかと推測されている。写真は、古形よりだいぶんと長くなっている。

（一九八六・四・一八）

アシナカの前緒は、台の先端にあるので、履くと指先がはみ出て地に着く。アシナカがいつごろから普及したかは未詳ながら、『蒙古《もうこ》襲来絵詞《えことば》』（一二九三）にはアシナカを履く武士が描かれているから、少なくとも鎌倉時代まで遡ることができよう。

（二〇〇五・九・三）

ワラジ（草鞋）

冬の間に一年分編む

文部省唱歌に「冬の夜」という歌がある。吹雪が舞う寒い夜、ともしび近くで衣《きぬ》縫う母を一番で歌い、囲炉裏《いろり》の端で縄なう父のことを二番の歌詞にしたものである。電気や石油、ガスによる暖房具が普及するまでは囲炉裏のそばで家族が集まり暖をとった。そこで子どもたちは昔話を聞いたのであるが、大人は手を休めるわけにはいかず、夜なべ仕事をした。

ワラジや藁草履《わらぞうり》は、冬の間に一年間の家族が使用する分を編んでおかなければならない。乗り物が発達しなかったころは、どこまでも歩いて行ったから、遠方の場合は片道でワラジがだめになることもあり、そのときは替えのワラジを腰に付けて出かける。ワラジも草履も使い捨ての履物であった。また、山仕事などにはワラジを二枚重ねて履くこともあり、家族も多かったので、一軒で数百足のワラジや草履を作る必要があった。

ワラジや草履を作るには、まず藁を打って袴《はかま》を取り、藁をしなやかにして細縄を綯《な》うことから始める。足の指に掛けた細縄に交差するように藁を重ねていくが、できあがったワラジは地域によって微妙に異なり、手間を省くために両側に二つずつあるチチを付けないワラジもある。

（二〇〇五・一・二二）

フカグツ（深沓）

雪道を歩くクツ

わが国の藁沓《わらぐつ》は、その形態や着装の差異から、爪掛《つまかけ》ワラジ、スリッパ型の藁沓、浅沓、深沓の四系列に分類できるという。この分類からすると、一種の藁製長靴である深沓は、ワラジの台に爪掛と脛巾《はばき》とを結合させた形式と考えられ、積雪地域の履き物として広く使用されてきた。

雪が沓の高さ以上に積もると、沓の中へはいるので、主として集落内や踏み固めた道を行くときに履き、遠方や山中へわけ入る場合などは、爪掛ワラジに樏《かんじき》をつけなければならない。それで、脛巾にあたる部分を、紐《ひも》で結んで締め、上から雪がはいらぬようにした形式の深沓もある。

履くときは、中に藁すべを入れると保温がよく、ゴム長靴よりもずっと暖かい。さらに効果を高めるために、西浅井町塩津浜《しおつはま》ではトウガラシを入れたという。

（一九八七・一・三〇）

礒貝勇『日本の民具』では、新潟県長岡市付近のフカグツを図入りで説明した文に、「名称はフカグツが優勢呼称で、ここには代表名としてそれを採用したが、その他、ズダシベ、タラシベ（東北）、スッポン（新潟）、ゴンゾ（長野）、フンゴミ（長野、鳥取）コモグツ（長野、鳥取）、ナンバ（滋賀）などむやみと異名が多い。」と、滋賀の呼称もあがっているが、滋賀県でも一般的にはフカグツ、ユキグツが卓越する。

（二〇〇五・八・二五）

ミノ（蓑）

藁製と棕櫚製の２種類

交通機関が未発達な時代の雨の日は、遠近に関わらず、ミノを着て笠を被《かぶ》って出かけた。また、冬の日に漁へ出かけるときもミノ笠を着用した。網を上げるときは、雨天でなくても裾《すそ》がぬれるのを防ぐため腰ミノをつける。

ミノには藁《わら》で作ったものと棕櫚《しゅろ》で作ったものとがあった。棕櫚ミノは軽いが雨がしみてくることが多い。これに対して藁ミノは雨にぬれるとずっしりと重くなるが、雨をよくはじき、着ていると寒い日でも体が温まった。ミノの裾を編まずにばらしてあるのはそのためで、雨水がそれを伝って滴り落ちるように工夫したものという。藁ミノは冬の防寒着でもあった。

ミノを作るのは冬季の農閑期の仕事である。普通一着編み上げるのに四、五日かかったが、器用な人は二日間で仕上げたという。写真のミノはマキノ町知内で漁撈《ぎょろう》の際に使用されていたもので、冬の副業で製作されたのを購入した。丈が一〇七センチあり、横に広げると幅は一六二センチ、重さが二・八キロもある。

ミノは、『日本書紀』に高天原《たかまがはら》を追われた素戔嗚尊《すさのおのみこと》が着ていたとあり、昔話「天狗《てんぐ》の隠れミノ」には姿を隠すミノがあり、秋田のナマハゲなどの来訪神がミノを着ることは、神に変身する衣装といえる。（二〇〇五・七・八）

シク

熟蚕が繭を作る場所

県内で養蚕《ようさん》が途絶えて久しくなった。全国的にも養蚕農家は減少の一途をたどり、生糸に力を注いできた大手繊維メーカーのカネボウでさえ、経営再建のために天然繊維から撤退するという。今や中国の安価な繭や生糸の前にわが国の養蚕業は絶滅の危機に瀕している。

絹製品は昭和の大恐慌前までわが国の主要な輸出品であり、農家は春から秋にかけて自宅を蚕《かいこ》に占領されたかと思われるほど家中に棚を何層にも設けて蚕を飼育した。県内では伊香、東浅井、坂田の三郡が養蚕の盛んな地域で、県内の繭の九五％近くを生産していた。

蚕は、休眠と脱皮を繰り返して成長する。卵から孵《かえ》ったのを一齢とすると、餌を食わなくなり休眠したあと脱皮したのを二齢という。四回脱皮をし、五齢で桑を食べるのをやめる。この状態の蚕を熟蚕《じゅくさん》といい、シクを置いておくとこれに上がって繭を作る。これを上蔟《じょうぞく》という。現在は紙を格子状に組んだものが用いられているが、以前は写真のような藁《わら》製のものが使われていた。口から糸を吐いて繭を作り、自らその中に入り蛹《さなぎ》となる。

『蚕飼絹篩大成《こがいきぬぶるいたいせい》』によると、藁で作った容器に熟蚕を入れていたが、これを宿（シュク・スク）と呼んでいたのがのちにシクになったものかと思われる。

（二〇〇四・六・二五）

ホウソウガミ（疱瘡神）

疱瘡を流行らせる神

暖かくなって花の咲く頃は、疫病のはやる季節である。天然痘は痘瘡《とうそう》のことで俗に疱瘡《ほうそう》と呼ばれ、痘瘡ウイルスによって感染すると高熱を発する。死亡率が高いため法定伝染病に指定され、人々からも恐れられる病気であった。平癒《へいゆ》しても痘痕《あばた》を残し、著しく容貌を変えるので、「疱瘡の見目定め、麻疹《はしか》の命定め」などといわれた。

種痘によって予防できるようになったが、古くはイモガサとよんだ。疱瘡神によって発病すると信じられ、疱瘡にかからぬよう、また軽くすむようにと祀った。祀り方は桟俵《さんだわら》の上に赤い御幣《ごへい》を立て、桟俵は提げられるように手を付けて赤紙を巻く。これに赤い水引をかけた笹葉の束、赤飯の握り飯などを供える。種痘をするようになって以後も、これを作って床の間などで祀り、瘡口《きずぐち》が治ると神送りした。（一九八七・四・一七）

写真では、笹葉がすっかり変色している。神送りの日に赤飯の握り飯を供え、川へ流すまたは村はずれへ送り、「どうぞお休みになってください」などといって合掌した。天然痘流行時代の名残であったが、一九八〇年頃から種痘の接種を行わなくなり、この風俗はなくなった。麻疹送りは、白い御幣白い握り飯などすべて白で揃える。（二〇〇五・七・六）

カンジョウツリ（勧請吊り）

ムラの入口に吊る注連縄

正月にはどこの家も入口に注連縄《しめなわ》を飾る。神社では年中注連縄が懸けてある。これは、注連縄を張った境域が清浄であるとともに、外から邪悪をなす者やけがれた者が入らないように入口を閉ざしていることを、一本の藁縄で象徴的に表示したものである。

この注連縄を集落の入口へ張る行事をカンジョウツリと称し、その場所を村人の精神的な村境と考え、一月のある定まった日に、村人の決まった人が集まって作るのを例とする。ふつう、太い藁縄に御幣や竹、檜葉などの常緑樹を用いて十二月《じゅうにつき》などの飾りを付ける。県内では湖東から湖南にかけて広く分布する。神社に懸けるカンジョウツリは、ムラの入口へ懸けるのから変化したとする説もあるが、写真は能登川町伊庭《いば》の神社横にある観音堂に懸かるもので、「在地《ざいじ》」という祭祀《さいし》組織が維持する。（一九八七・一・一六）

カンジョウツリはカンジョウナワ（勧請縄）とも呼び、琵琶湖博物館には、昭和五十八年（一九八三）当時八日市市担当の調査員が八日市市寺町で特別にお願いして、村入口に懸けるものとは別にもう一つ作ってもらったのを収蔵している。太い藁縄に樒《しきみ》の輪を吊す形式で、樒は丸に十の形にしてある。樒の強い臭気で外からの悪鬼の侵入を防いだものと思われる。

（二〇〇五・九・三〇）

能登川町伊庭の観音堂在地の勧請縄
（筆者撮影）

八日市市寺町の勧請縄

鋳物・打ち物・金属品

クワキリホウチョウ（桑切り包丁）

蚕に与える若葉刻む

衣服を買うときに、どのような繊維で織られているのかラベルを確かめることがある。おもな繊維は化学繊維で構成され、毛や木綿や麻が混紡されているが、絹が混紡されているのはあまり見かけない。ナイロンをはじめキュプラなど絹によく似た繊維もできて、私たちの衣生活からは天然繊維が次第に遠ざかりつつある。

我が国で古代から動物繊維として生産されてきたのは唯一、生糸であった。生糸はカイコノガの幼虫、いわゆる蚕が蛹《さなぎ》になるとき作る繭《まゆ》を解きほぐして糸にしたもので、春夏秋と蚕は年に三、四回飼育できるが、桑《くわ》の葉を餌とするので、春に桑が芽吹いて成長するのに合わせて蚕を育てるのが自然である。

卵からかえった蚕はまだ小さいので、食べやすいように桑の若葉をクワキリホウチョウで細かく刻んで与える。蚕は脱皮を繰り返して成長する。それによって一齢二齢と数えるが、二齢までを稚蚕《ちさん》と呼び、桑葉を刻んで与える。これを「桑こしらえ」といい、桑は一日五回ほど与える。蚕は水を飲まない。水分も桑から取るので、雨の日などは病害のことも考え、ぬれた葉をふいて与えた。世話が大変なので稚蚕の間は養蚕農家が共同飼育したが、現在では人工飼料に変わっている。

（二〇〇五・五・一〇）

オシギリ（押し切り）

藁束を一気に切断

藁束や葭《よし》などをまとめて切断する用具にオシギリがある。牛や馬を家で飼育していた昭和三十年代までは、餌となる馬草を切るのに毎日使うものであり、壁土に混ぜる、すさ藁を刻むのに必要であった。軽便でどこへも手軽に持ち運びできるのがよい。

木の台に刃を上向きに据え付け、刃と交差して切る押し棒を刃の両側に挟むように取り付ける。押し棒のもう一方は、握り柄とする。ものを切るときは、押し棒を引き上げて刃の上に切断するものを置き、力を込めて一気に押し棒を下ろして切断する。このとき足で木の台を踏み、オシギリが動かないようにして、片手は柄を、もう一方は切断するものを握り、手前から向こうへ押し棒を倒す。台の板が柄と反対の方向に長くとってあるのはそのためで、体はこの踏み板の上にあり、足で押さえる。

ところが現在市販されているオシギリは、改良されていて、体は柄の方におき、上から体重をかけて押し切るようになつており、その動作にあわせて下の刃も動く仕掛けである。外観は似ているものの、切るための動作はまったく変わってしまった。しかし、刃を上に向け押し切る原理だけは踏襲《とうしゅう》されている。

（二〇〇五・四・二九）

ナッタ（鉈）

柴刈りに用いる鉈

秋は冬の準備をする時期である。とくに雪の深い地域では、冬に焚《た》く柴《しば》や割り木を作らねばならない。ナッタは、山の木を切ったり薪作りに使用し、ナッタカゴに入れて腰につるした。

近年の研究によると、主に東北日本は片刃の刃金が付けられ、西南日本は両《もろ》刃となっていて、その境界線が滋賀県あたりになるという。また、写真のように刃が少し湾曲していて、その先にハナが突き出ているのと、真っすぐなのとがある。このハナについては、木の根元を打ったとき、石があってもこれに当たり、刃こぼれがしないためなどと一般に説明されるが、それ以上の意味があるらしい。越中越前は、片刃のハナ付き鉈《なた》の一つの分布圏を構成するが、伊香郡へは福井県武生《たけふ》産の鉈が流入しているため、写真のナッタが使用されている。

（一九八六・一一・二八）

かつて丹生《にゅう》谷へは、年二回ほぼ定期的に武生から刃物の行商がやってきた。田の草刈り前と稲刈り時に民家に泊まりながら、鎌・鉈・斧・鋸《のこぎり》・包丁・鑢《やすり》・砥石《といし》などを持って渡り歩いた。これらの行商は、鎌屋またはヨキ屋と呼ばれ、年の暮れに大きな籠を背負ってくることもあった。これとは別に、土佐（高知県）の刃物を郵便為替で注文する者もあって、双方の鉈が併存した（『高時川ダム建設地域民俗文化財調査報告書』）。

（二〇〇五・八・一八）

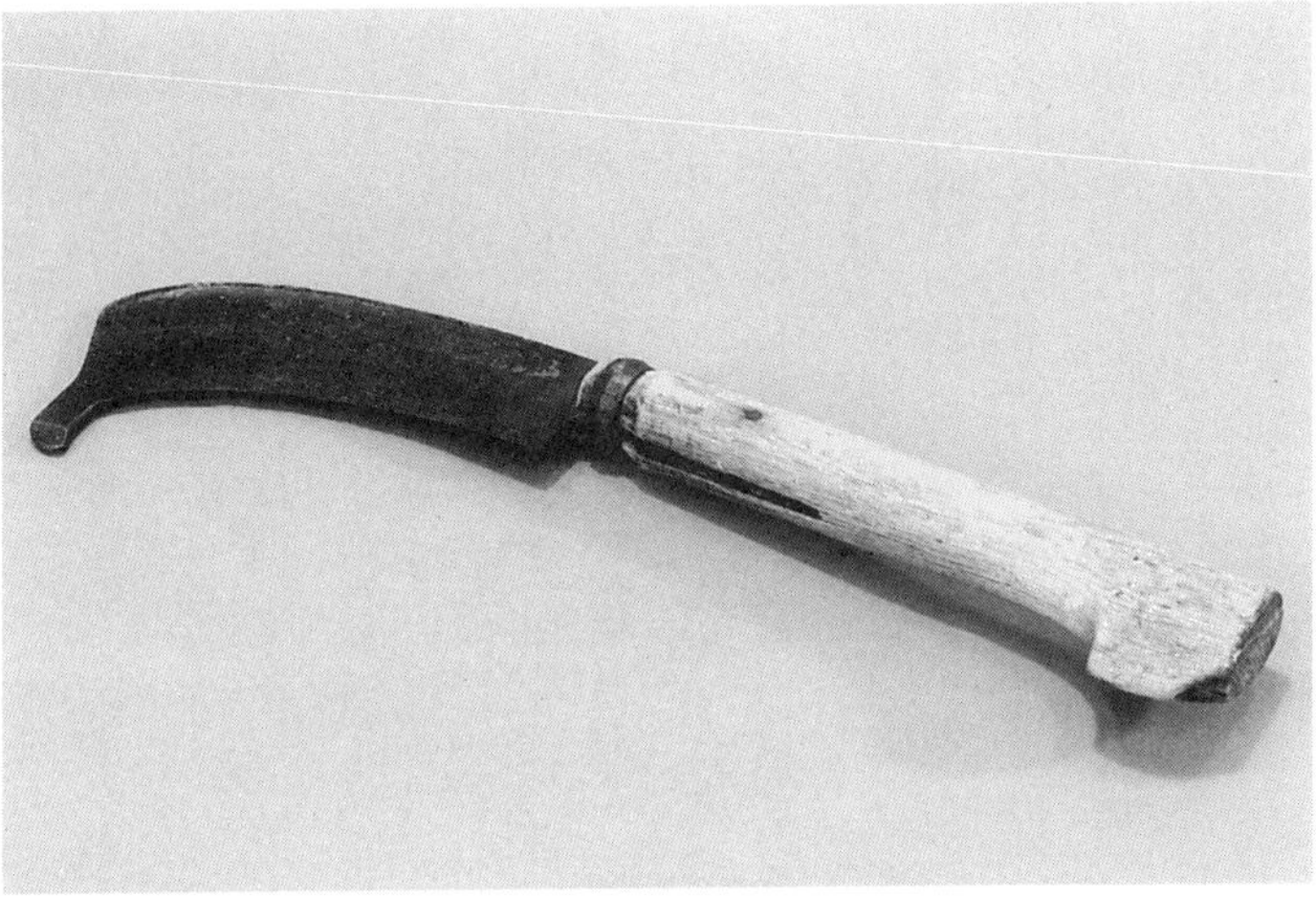

ニシンキリナタ（鰊切り鉈）

身欠き鰊を切る

江戸時代から明治にかけて、近江商人の中には、北海道の開発に努力した人々がいる。そのころはニシン漁が盛んで、彼らが開いた漁場には、近江商人の名がついているという。ニシンやイワシの脂をしぼって乾燥したものを干鰯《ほしか》とよぶが、これは油粕《かす》とならんで、長く重要な肥料であった。干鰯は江戸時代を通して、日本海を敦賀、または大坂、大津を経て、湖上を近江の各地へ運ばれた。

土用のころ、このニシンを適当な長さに切るのに、湖東地域では写真のような、ニシンキリナタが使用された。切ったニシンを、腰につけた竹籠《かご》に入れ、水田の稲の根元へ差し込んでいく。また、身のたくさんついているニシンは、あらかじめ肥料の中から抜き取り、味噌汁に入れたり、漬物の中へ入れて味を良くしたという。

（一九八六・七・一八）

琵琶湖博物館に収蔵されているニシンキリナタは、いずれも八日市市で使用されていたもので、形状は包丁に近いが、包丁に比べて刃渡りよりも柄の方が長いことに気付く。ニシンを板にのせて長さ約二〇㌢に切ったというが、鉈のような使い方をしたので柄を長くしたと思われる。また、菜種の刈り取りに使用することもあったらしい。

（二〇〇五・八・三〇）

メクリヨキ（斧）

筏を組む特殊な斧

筏《いかだ》流しは、秋に伐採して枝を落とし、玉切りして山の傾斜地に倒しておいた木材を搬出する作業である。春になって雪解け水で川が増水するころから、積雪を利用して斜面を滑らせ、下まで降ろして水流に乗せる。丸太を一本ずつ単木で川に流すことを「猿流し」というが、川幅が広くなったよどみのあるところで、いったん丸太を集めて筏に組む。このとき丸太をつなぐのにネソを用いる。ネソを通す穴を空けるのがメクリヨキで、筏を組むときだけに使用する特殊な斧《おの》である。

朽木《くつき》の筏は主に杉で、立木を伐採《ばっさい》するときサルコと呼ばれるつなぎ部分ができるようにして倒す。はじめに山側から根元を斧で斜めに三割ほど削《はつ》り、つぎに谷側から水平に鋸《のこぎり》で七割ほど挽《ひ》く。鋸目に楔《くさび》を打ち込むと立木は山側へ倒れる。斜めに斧で削った残りの部分が筏のつなぎ目として残るサルコである。ネソは親指ほどの太さのマンサクを火にあぶって捻《ねじ》ったものである。

地元の鍛冶屋に打たせた刃に自分で柄を挿《す》げた。刃渡三・七センチ、重さ二キロの細長い斧である。柄の焼印は、筏組みの作業場へ大勢の人が出てメクリヨキを使用するので、他と紛《まぎ》れるのを防ぐため、自家の屋号を捺《お》したものである。

（二〇〇五・三・二五）

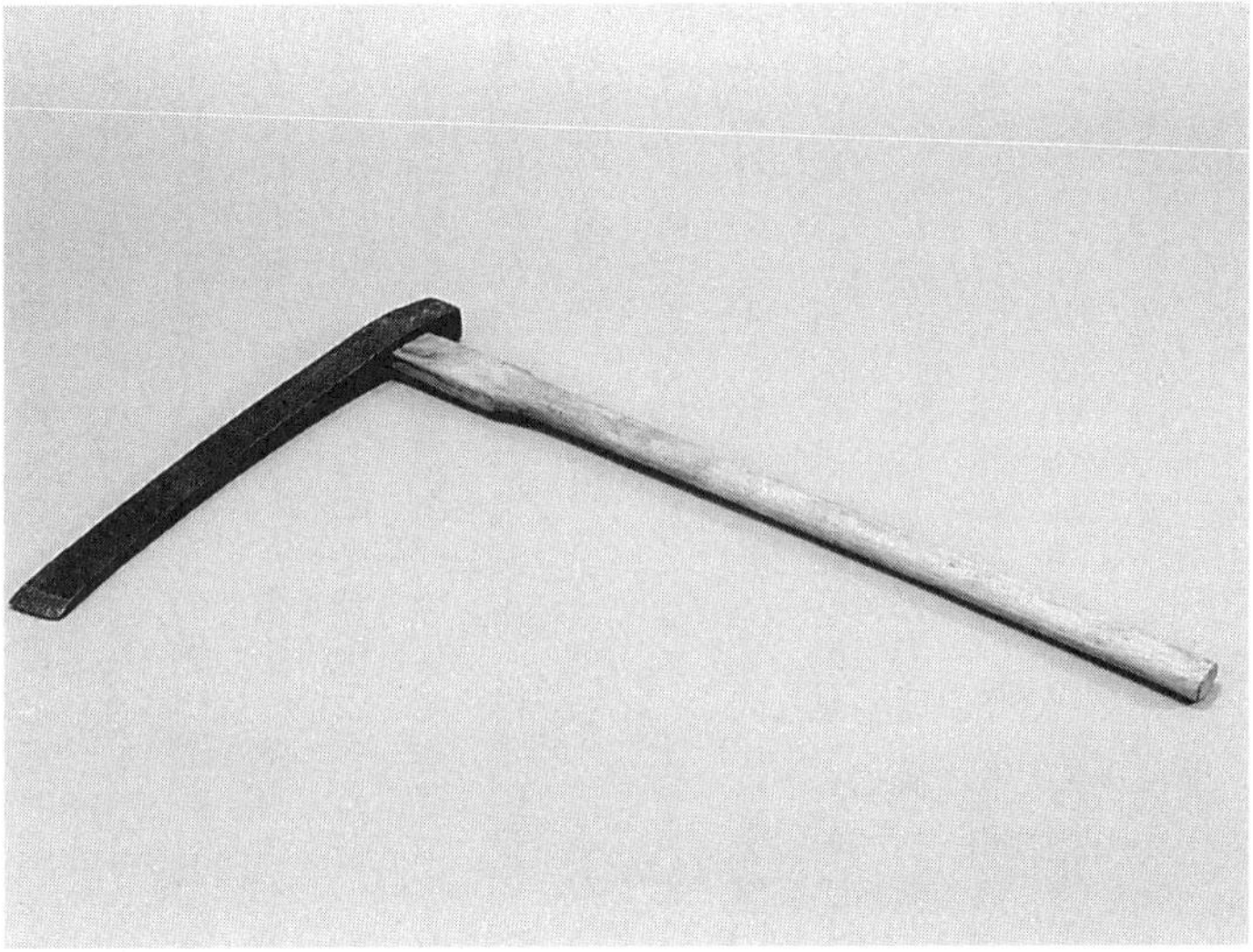

マエビキノコギリ（前挽き鋸）

板や柱を製材する竪挽き鋸

鋸《のこぎり》は木材を切断する代表的な木工具である。鋸には、横挽《び》きと竪《たて》挽きとがあり、丸太を輪切りにするときに用いる横挽きが一般に知られているが、板を製材するときは竪挽きの鋸で裁断してきた。マエビキノコギリは、山で杣《そま》が伐採し斧で荒加工した木を、木挽《こび》きが製材するときに用いた一人挽きの鋸で幅広になっているのを特徴とする。

絵画資料などによると、マエビキノコギリは十六世紀頃から登場して近代まで製造されたが、さらに古くは十四世紀頃に伝来したとされる二人挽きの「大鋸《おが》」が竪挽きに使用されていた。このためマエビキノコギリのことを今もオガと呼ぶ地方は少なくない。永享八年（一四三六）の墨書がある石部町白山神社の三十六歌仙板絵の裏面には大鋸の痕《あと》が残っているという。大鋸の出現以前は、石山寺縁起《えんぎ》絵巻に見られるように材に楔《くさび》を打ち込んで割り板を作っていたから、竪挽き鋸の導入は製材業の一大変革であった。

鋸に「甲賀」と刻銘がある。これは明らかに甲賀郡のことで、現在の水口町三大寺《さんだいじ》から甲南町へかけては、江戸時代末から第二次大戦前までマエビキノコギリの製造が盛んであったところである。最後まで残っていた甲南町森《もり》尻《しり》の八里《はちり》平右衛門の工場も昭和六十一年（一九八六）暮に取り壊され、現在

前挽大鋸による製材のようす
東洋文庫『人倫訓蒙図彙』（平凡社刊）
より

ではどこにもその面影を見ることはできなくなってしまった。そこに残された帳面をくると、北海道をはじめ当時は日本領であった樺太や朝鮮・台湾など全国各地へ販売していたことが知れる。甲南町ではこうした背景をふまえ、平成十二年（二〇〇〇）から三カ年計画で森尻にあった八里平右衛門の鋸鍛冶《かじ》用具を中心とした調査を行っている。

マエビキノコギリの製造は、日本刀の原料と同じ砂鉄から作った玉鋼《たまはがね》を熱しては打ち延ばして鍛え、歪《ひず》みをとり、歯を刻み、ナカゴ（柄に差し込む部分）を接着する。つぎに焼き刃といって鋸を真っ赤に焼いて冷水に入れ、また焼く。板面を鉋《かんな》で透いて均一にし、仕上げる。明治の後半にアメリカから洋鋼《ようはがね》が輸入され、鋼板をもとに量産できるようになり、大正時代にかけて甲賀前挽きは最盛期を迎えた。甲南町で前挽き鋸の製造が盛んとなった背景には、それを使用した木挽きが甲賀の村々にいて、各地へ出稼ぎに出かけたことと無関係ではあるまい。

（二〇〇〇・一〇・一）

昭和61年まで残っていた甲南町の鋸鍛冶工場　(筆者撮影)

鋸鍛冶工場の内部　(筆者撮影)

氷挽き鋸

切り込み深い歯が特徴

古く氷は自然のものを氷室《ひむろ》に蓄えて夏まで保存したが、これは貴重なもので一部の人しか恩恵にあずかることはできなかった。「延喜式《えんぎしき》」(九二七)では、山城国をはじめ一〇カ所に氷室を設け、陰暦四月から九月まで毎日宮廷へ納めた。そのうちの一カ所は「近江国滋賀郡部花」で大津市伊香立竜華《いかだちりゅうげ》に比定されている。

天然氷は明治初年にアメリカのボストンから輸入された記録があり、明治三年には函館五稜郭《ごりょうかく》の堀の氷を「函館氷」として東京で売り出した。明治十六年、アンモニアガスによる機械製氷ができるようになると、一般に普及し始め、県内では大正十三年に八幡製氷株式会社が設立され、第二次大戦前に近江製氷株式会社へ統合、一日五〇トンの製氷能力をもっていた。

写真の鋸《のこぎり》は、氷の裁断専用で、さびないようにステンレス鋼で作られている。普通の鋸に比べて、歯の切り込みが深く、歯の先端を左右にそらせて挽《ひ》き道の幅を広げ、おがくずを外へ出す歯振《あさり》も広くとってある。「延喜式」では氷刀子《こおりとうす》(こがたなのこと)と釿《おの》が用いられている。

氷はすべて切り落とすのではなく、半分ほど切って柄《つか》でポンと押すと割れる。立方体の塊二つで一貫目(三・七五キロ)あり、間の切り込みで、いつでも半分に割れるようにしてある。

(二〇〇四・七・三〇)

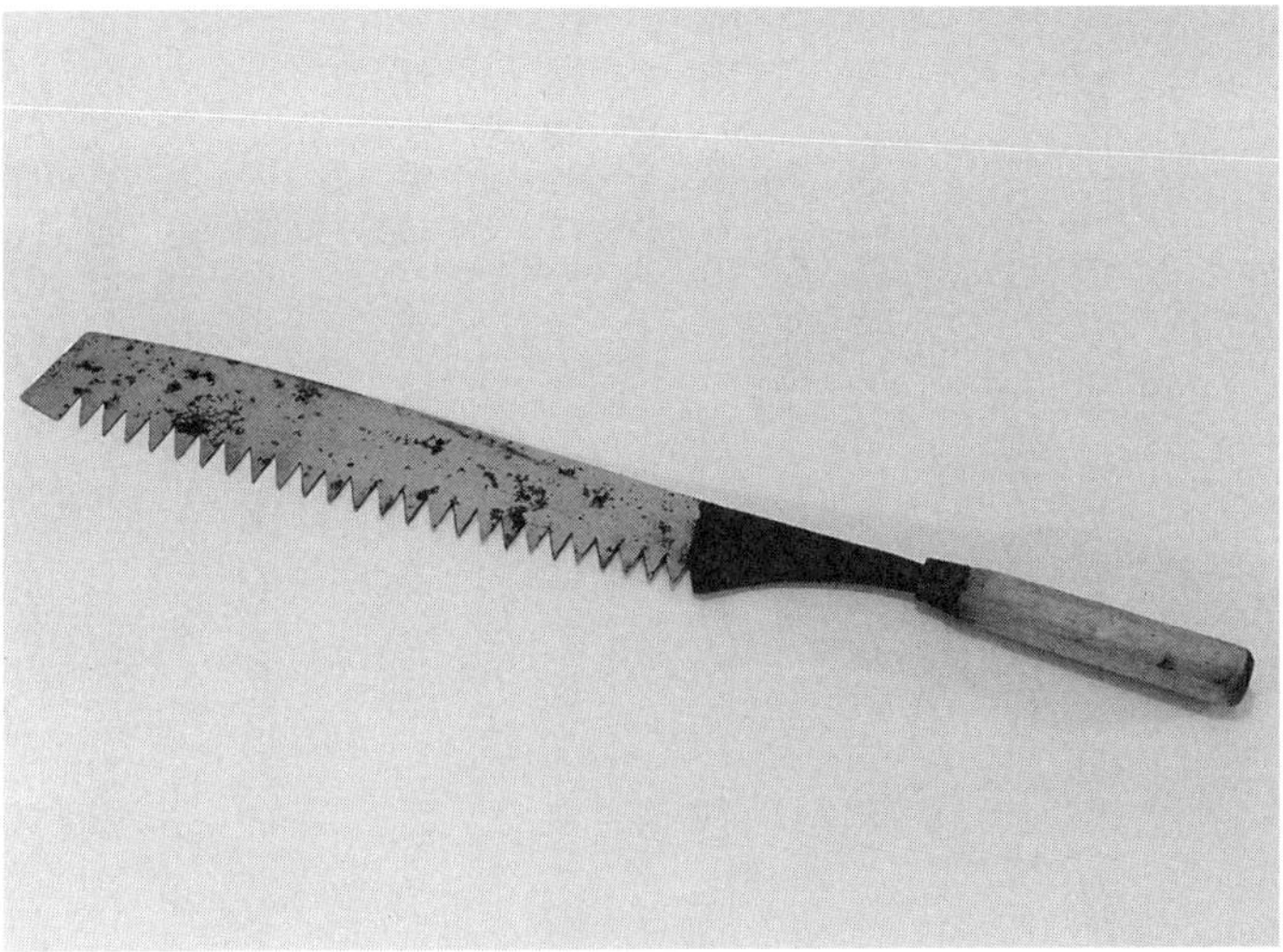

サキヤリズキ（鋤）

刃先使い湿田をすく

江戸時代の農学者大蔵永常《おおくらながつね》は『農具便利論』で、鋤《すき》は農具のなかで鍬《くわ》とならび欠くことの出来ないもので、たとえば将棋の飛車角行のような用をなすものであると評している。そして江州鋤《ごうしゅう》については、近江国栗田《くりた》（太）郡辺に「この鋤を用ゆ、他国のよりは形いささか大にして京鋤に類する」と紹介している。

江州鋤は、木床《もくしょう》よりも前に柄がやや湾曲して出ているところに特徴があり、地元では三味《しゃみ》鋤などと呼んでいた近江独特の鋤である。サキヤリズキは江州鋤とは異なるが、やはり少し大ぶりの鋤である。重さが三キロ余りもあるため鋤を持ち上げて土をすくうのではなく、一尺（約三〇センチ）ほど足が入る湿田の掘り田で、鋤の刃先だけを左右に倒しながらすいていく。また、畝《うね》を砕くときにも使用する。

鋤などの農具は、刃先を作る鍛冶屋と、ハナエ屋・スゲ屋・棒屋などと呼ぶ柄とその下の風呂と呼ばれる木の刃床部《はしょう》を作る職人との合作である。柄と風呂は一木で作られ、一本の丸太から芯《しん》をはずし天地を逆にして、前後に計四本の木取りができる。サキヤリズキは米原町磯《いそ》で使用されていたが、磯には鍛冶屋があり、注文すると鍛冶屋から米原のハナエ屋へ依頼があったという。

（二〇〇五・六・一〇）

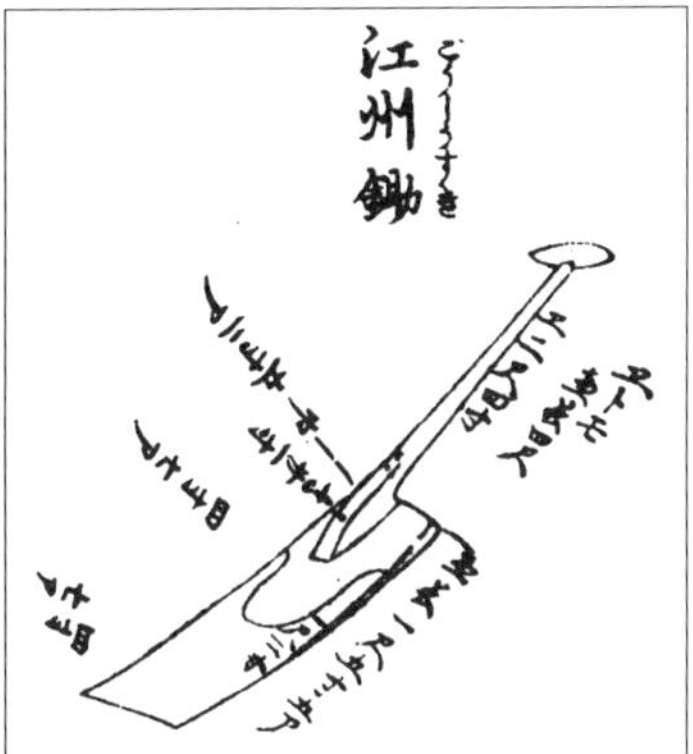

「江州鋤」
「日本農書全集」第15巻『農具便利論』
（農文協刊）より

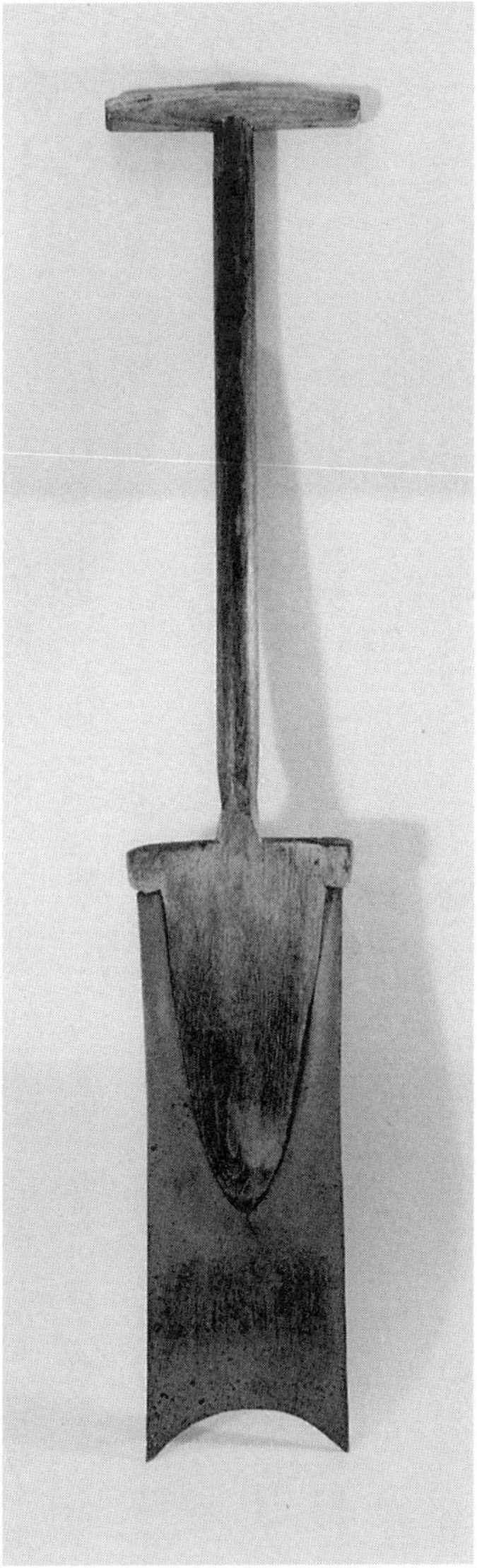

クサトリグルマ(草取り車)

土を掻き混ぜて除草

田を植え終わると、十日もすれば草が生えてくる。除草剤が普及する以前は、苗の生育が阻害されないよう田にはいって草を取り除いた。草取りは繰り返し行い、一番草二番草と数えて八月はじめの四番草ぐらいまで続ける。一番草は腰を屈《かが》め、田を這《は》うようにして苗の間の草を手で抜き取り、苗に土を寄せる。暑い時期の作業でしょっぱい汗が目に入る。

すべての田んぼの一番草が終わったころには二番草の時期になる。苗も生長してしっかりしてくる。クサトリグルマは二番草以降に用いられる除草機で、幅一六・五チ《セン》。稲と稲の間を上端の把手《はしゅ》を両手で握り、前後に押しながら前進すると、真ん中と後部の刃車が回転して土を掻《か》き混ぜ、雑草を根から起こして土中へ押し込む。除草機としては比較的改良の進んだ新しい型式で、これよりも古い型は、刃車でなく爪が突起しただけの簡単なものでカメなどと称した。

写真のクサトリグルマは志賀町で使用されていた。鳥取県米子《よなご》市目久美町の大正農工具製造の「腕金貨《うできんか》印優良農機具」と記されており、一般的に農協を通じて購入した。作業効率を上げるため、二すじを同時に掻《か》く二連になった除草機も販売された。

(二〇〇四・七・一二)

モカキマンガ（藻掻き馬鍬）

堆肥の藻を刈るマンガ

水中に生えている藻《も》は、魚の産卵やエビ、小魚の棲息場所《せいそく》となっていて、湖にはなくてはならぬものである。暖かくなるとともに、藻の成長はすすみ、たちまち繁茂して、船の通行や漁業にも支障をきたすところが生じる。それで魚の産卵が終わった八月一日を解禁日と定めて一斉に藻刈りを行っていた。藻は堆《たい》肥《ひ》として、また、夏の間は畑に敷いておくと、乾燥を防ぐなど、有効な利用がはかられた。このため、クリークはもちろん湖中の藻も船を出して競って刈り取った。

藻刈りには、二本の竹を中程で結びあわせ、これに巻きつける方法もあるが、余呉町では写真のような長い爪状の鉄刃に柄を付けたモカキマンガを使い船から藻をさらえ取る。これは六・五キロもあり、水を含んだ藻も重く、重労働であった。

（一九八六・九・一九）

「近江水産図譜」漁具之部には、採藻として三種の用具が図入りで紹介されている。一が四寸釘八本を樫《かし》の木に打ち抜き、苧縄《おなわ》の網と竹棹《たけざお》を付けた熊手である。二が男竹二本を中程で括《くく》ったもの、三が約八キロの石に長さ六〇センチの細竹を結い付け、これを長さ七尋（約一二・六メートル）の縄にて船に括り、繁茂したところで船を漕ぎ、引き藻する方法である。鉄製のモカキマンガは、このうちの熊手に近い。

（二〇〇五・八・一七）

カキモチナラベ（欠餅並べ）

欠餅を乾かす

食習慣の変化や食べ物に手間暇《てまひま》をかけなくなったので、欠餅《かきもち》を作る家も随分と減少し、たとえ作ったとしても、その量は従前の比ではなかろう。それでも、あの香ばしい味が忘れられず、年寄りのいる家などでは、孫たちのおやつに焼いたり揚げたりするが、子供たちは自家製より買って食べるお菓子がよいらしい。電気餅搗《つ》き器は開発されたが、欠餅乾燥機や欠餅焼き機は、製品化する見込みがないと思われる。

かつて、どこの家でも寒餅を搗いて欠餅を大量に作ったころは、欠餅を干す広い場所が必要であったから、棚を架けるなどした。カキモチナラベは、狭い場所を有効に使うため、針金の間に欠餅を並べつり下げるようにしてある。杉材で枠を組み、これの左右に定間隔の刻み目を入れ、針金を渡しただけの素朴な作りである。（一九八七・一・二三）

欠餅を並べると、意外に面積をとる。そして数日間は欠餅がその場所を占拠する。少しでも多く並べ、かつ乾燥を早めるために欠餅の端だけ重ねて並べるなど苦心するが、そうした欠き餅の乾燥場の問題を解決するために考案された民具といえる。

自家製民具のため枠の杉板は釘止めである。（二〇〇五・八・二〇）

ナガシバリ（流し鉤）

梅雨時のウナギ漁具

ウナギはフィリピン北東の深海で産卵するとされ、稚魚が黒潮に乗って日本に近づき、シラスウナギとなってプランクトンを食べながら早春の川を遡《さかのぼ》る。成魚になると貪食《どんしょく》で、ヤゴ、小アユ、エビ、カニなどを食べる。ウナギの餌が豊富になる梅雨時期は、ウナギの動きも活発になり、そこを狙って仕掛けるのがナガシバリである。延縄《はえなわ》式に親糸から何本もの枝糸を垂らす漁法もあるが、ナガシバリはそれより少し原始的で、写真の一束が一〇本括《くく》りになっていて、それぞれに鉤《はり》が付く。

ウナギは夜行性なので、その習性を利用して夕方から仕掛ける。鉤に生きているドジョウ一尾を付けて川の各所に流し、手元は川岸の柳や杭《くい》に括りつけておく。翌朝早く仕掛けを引き上げるとウナギがかかっている。ウナギ鉤には戻りが付いていて、餌を食べるとはずれにくくしてあり、ウナギは餌を深く飲み込んでいるので鉤をはずさず口元で糸を切る。このため、つぎの漁には新たに鉤を付ける。

ナガシバリ漁は昭和三十年（一九五五）ごろまで姉《あね》川流域の中小の川で行われていたが、次第に漁獲がなくなり、いつのころからか誰もしなくなった。糸の長さは約三メートル。麻糸を自分で縒《よ》り合わせて太くし、手元に竹を割って付けた。

（二〇〇四・六・一八）

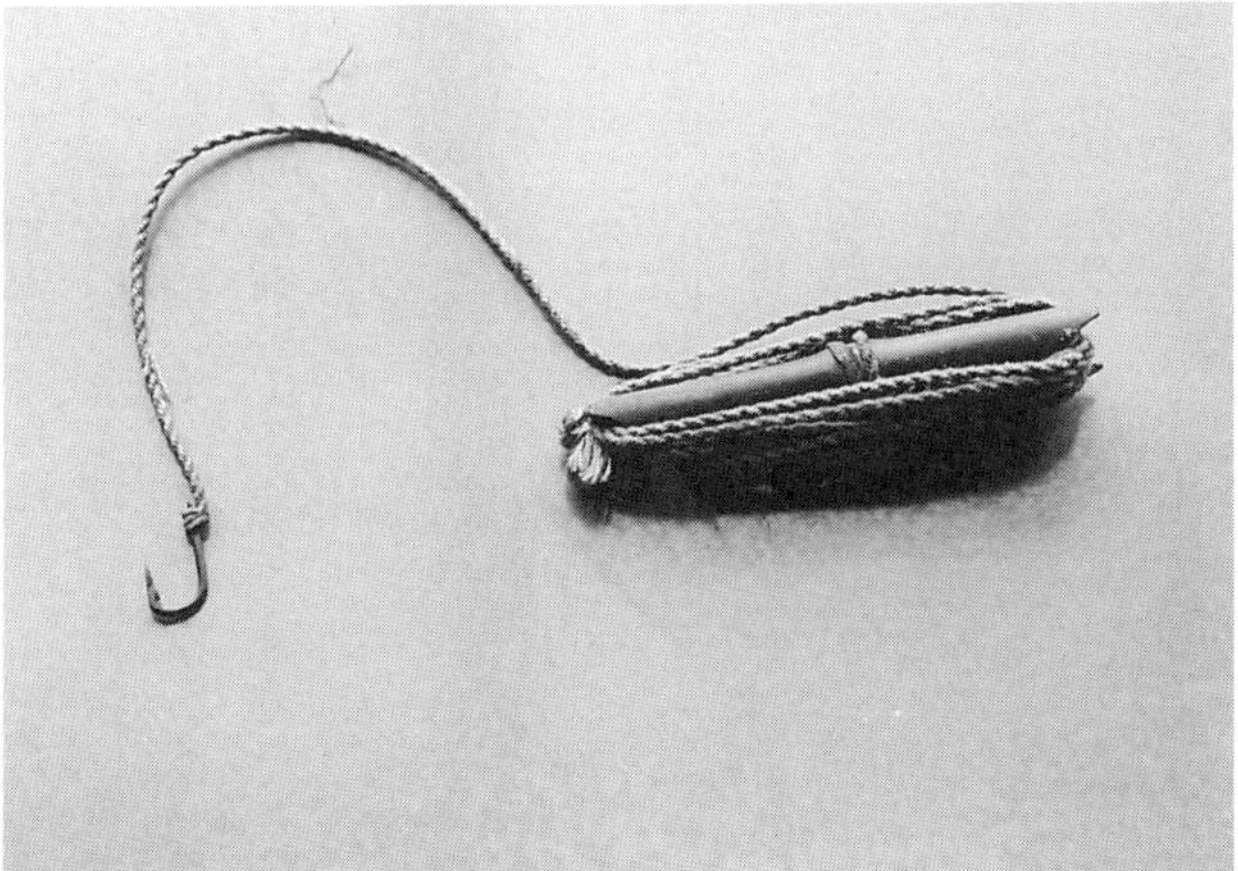

ナガシバリ　　(筆者撮影)

ムクラトリ（土竜取り）

モグラを捕まえる

モグラは漢字で土竜、田鼠などと書くが、何となく、モグラやそれが通ったあとを表現しているようでおもしろい。農民にとっては、農作物に害を与えるために嫌われ、豊作を祈る予祝行事の一つに、モグラ追いがあるほどである。このためネズミ取りのように、モグラを捕らえる道具が考案されたのであろう。

ムクラはモグラの訛《なまり》で、全国的には、イグラ、ウグラ、エグラ、オーグロ、オグラ、オグロ、オゴラ、オゴロ、オモラ、モングラ、オムラ、オンゴラ、ムグラ、ムグリ、ムクロ、ムグロ、ムコロ、ムムラ、モクロ、モグロ、モモラなど多様に変化し、さらに、それぞれの語尾にモチをつけ、イグラモチ、ウグラモチとよぶ地方もある。著者の家では年寄がウンゴロと呼んでいた。写真のものは、余呉町で使用されていた鉄製バネ仕掛けである。

（一九八六・五・九）

以前に比べてモグラが土を隆起させた跡を見ることが少なくなったように思う。環境破壊がモグラにも及んで、生息数が少なくなったのかもしれないが、地面を舗装したりコンクリートの障壁を造るなど、土ばかりであった時代からすれば地中のモグラも棲《す》みにくくなったであろう。ムクラトリは、モグラの生態や行動様式を熟知していないと使えない。（二〇〇五・八・一六）

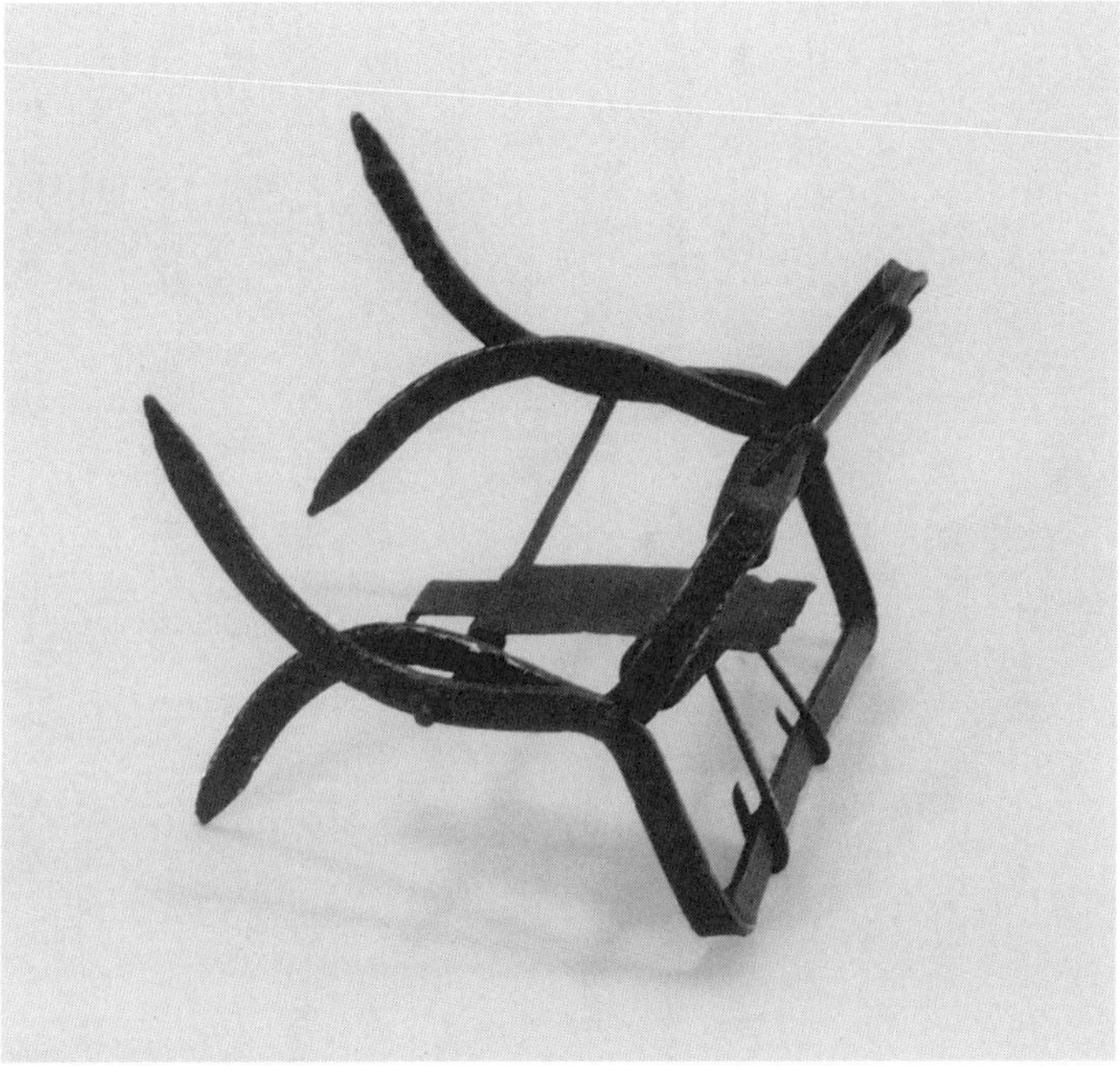

トボシ（点し）

夜の漁で水面照らす

寒い時期の魚は深みにじっとして余り動かないが、水が温《ゆる》んでくると餌を求めて移動する。それでも夜になると藻の間などに身を隠して眠っている。トボシは、皿状に組んだ鉄製の籠《かご》で松根や割り木などを燃やし、夜の漁の照明用具に用いられた。テレビで夏の風物詩として紹介される鵜《う》飼漁でも篝火《かがりび》が風情として焚《た》かれるが、本来の機能は、真っ暗な水面を照らし魚群を集めるのと手元の明かりであった。

琵琶湖では四月ごろからトボシで篝火を燃やし、湖岸や大中之湖にいるコイやフナなどをヤスで突いたり押し網で被《かぶ》せ捕ったりした。水がきれいだったころは、浅瀬で魚が静止していると夜でもトボシの灯りでよく見え、舟に乗って葭《よし》の間の魚の道を探し、魚に静かにそっと近づいても魚は逃げなかった。

また、彦根の井伊家文書の中に「余呉水漁子考」という図入りで余呉湖の漁法を記した古文書がある。江戸時代末に書かれたと推測されるが、「ひらたという舟に二人乗るなり、舳《へさき》の方に五、六升位の古き鍋を置き、篝火をたき」とあって、ここでは「篝火鍋」と、又木を利用して三角形に組んだ「篝火鍋台」の図が画かれている。篝火専用のトボシと古鍋の転用とどちらが古いのだろうか。

（二〇〇五・四・一）

チギ（千木）

魚や乾物を量り売り

食材などを適量に袋や容器へパックして販売するようになったのは、客が自由に商品を選んだのちにレジで買ったものを精算する形式の量販店が普及して以後と考えられる。それ以前は市場や商店街にある魚屋、乾物屋、八百屋、米屋などでは量《はか》り売りが一般的であった。客が求める重さや量をいちいち計量して販売していた。例えば、鯨《くじら》の肉一〇〇匁《もんめ》（三七五瓦《グラム》）八〇円というふうに重さを量ったのがチギである。

写真のチギは、魚の行商に際して魚の重さを匁で量り売りするときに用いられた。朝、市場で仕入れてきたモロコ、エビ、ジャコ、ウナギなどを仕分けしてトロ箱へ入れ、自転車にトロ箱を五、六杯積んで行商に出かける。このとき弁当を作りチギを持たせるのは女の役で、持っていくのを忘れると、それは女の責任であったという。男は売りに行く魚のことしか気に掛けていなかった。行商先では戸別に訪問して、猫に注意しながら世間話もして商売し、掛け売りで代金は帳面に付けておき、月末にまとめて請求する。

自転車が普及する前は天秤棒《てんびん》を担いで行き、こうした商人をボテフリとかセンバと呼んだ。彼らによって琵琶湖で捕れた魚貝は、湖岸から離れた地域へ運ばれて売りさばかれた。

（二〇〇五・四・八）

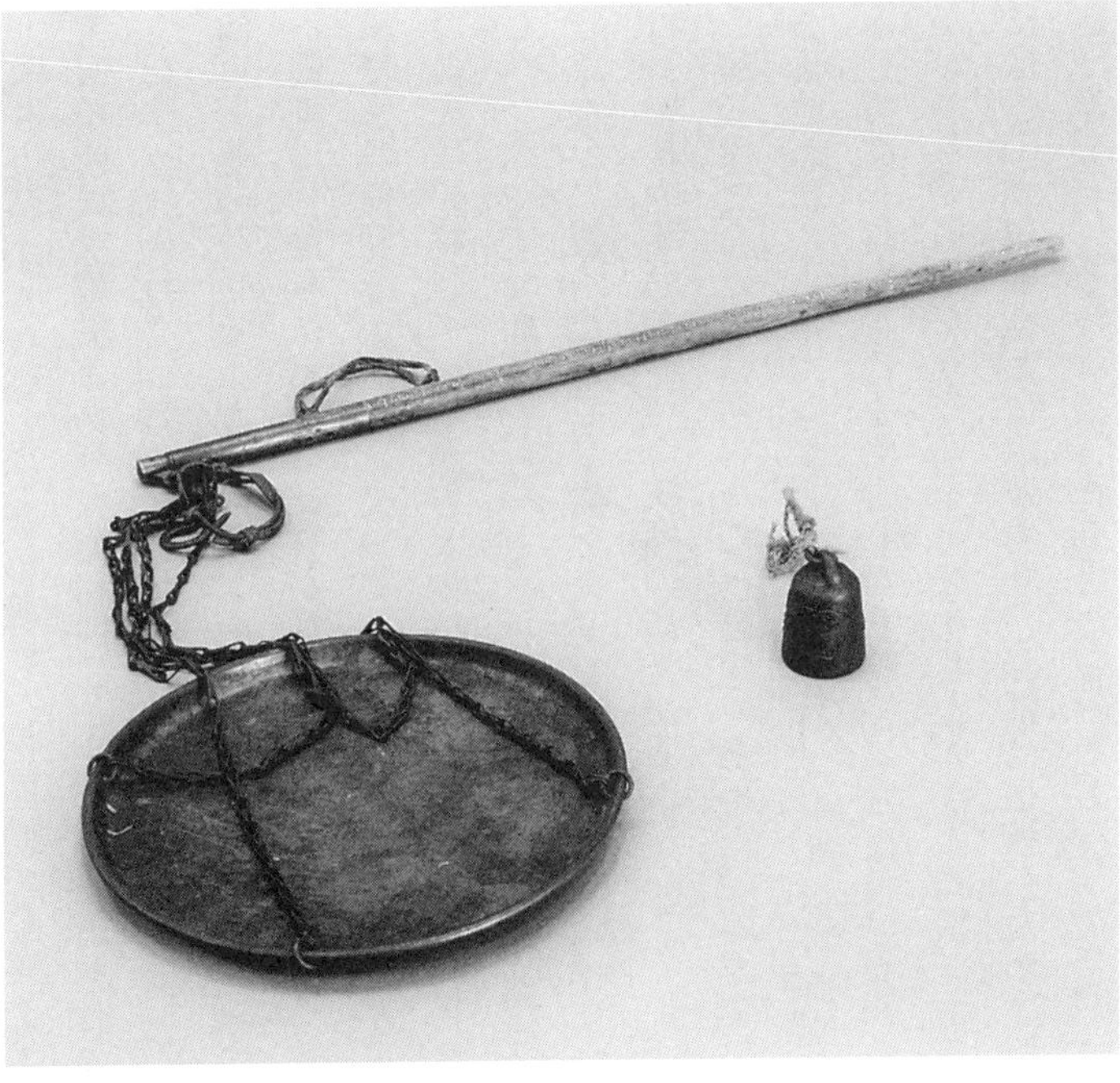

製縄機

藁縄をなう時間を短縮した

縄をなうのは、新しい藁《わら》の穫《と》れた農閑期の仕事である。この製縄機《せいじょうき》は、大阪田所式製縄機とあり、昭和四〇年代まで使用されていた。右方にある小さなラッパ状の二つの穴から、槌《つち》で打ってやわらかくした藁を挿入すると、歯車を連動させて左方へ送り、中央の木製の本体で縄になう。

藁縄は、農家にとって材料が無尽蔵にあり、長さや太さは用途に応じて調節できる便利さがある。従っていくらでも使い捨てが可能であるが、前代までの人は、藁しべ一本から大金持ちになった藁しべ長者の昔話のように、藁しべ一本でも大切にした。まして縄は、信仰的に山の神や勧請《かんじょう》吊りで用いるためか、禁忌《きんき》として、縄をクドで燃やしてはいけないとし、姥捨て伝説では、殿様の難題の一つに灰縄の注文がある。（一九八六・一二・五）

縄を手でなうのは冬の夜なべ仕事であった。春までにその年に必要な縄を準備せねばならず、草鞋《わらじ》や藁草履《ぞうり》を作るにもまず細縄をなわねばならない。木槌で藁を打ち、袴《はかま》を除去した藁を手に水を付けながらなっていくのは時間がかかる。縄をなう作業を迅速化したのが製縄機である。たいていの製縄機には〇〇式製縄機と標示があり、詳細に比較したわけではないが、構造の微妙な差でそれぞれ新案特許を得たものであろうか。（二〇〇五・八・一八）

染織品・編み物

ハンテン（半纏）

山仕事、漁撈の仕事着

ハンテンは、今では祭りのときに見かける程度になってしまったが、植木屋や鳶《とび》などの職人、農民、漁民など多くの人が着る仕事着であった。縞《しま》木綿または写真のような藍《あい》染めが一般的で、単衣《ひとえ》、袷《あわせ》、寒くなると綿入れのハンテンを着て腰紐《ひも》を締めた。袖は、筒状の筒袖と鯉《こい》の口と呼ばれる袖下を付けた巻き袖（もぐり袖）とがあった。山仕事、田行き、琵琶湖での漁撈《ぎょろう》にハンテンを着た。びわ町南浜の漁師が冬に着た綿入れのドンブクバンテンは、腰の下まであり、左右の裾《すそ》に馬乗りという切れ込みがあって作業がしやすいようになっている。

『滋賀県民俗地図』を見ると、湖北から湖東湖南へかけては、ハンテンのほか、コンバンテン、ヌノハンテン、シゴトバンテンなどと呼ぶところが多いのに対し、湖西の高島郡ではハンチャ、ハンコ、アツシバンチャなどとハンチャ系の呼称が分布する。

木綿は、綿を栽培して糸を取る作業から始めるほか、糸を購入して織物に仕上げたが、大部分は織物を買ってハンテンに仕立てた。木綿以前は麻のハンテンで、苧麻《ちょま》から繊維を取り出し、地機《じばた》で織物に仕上げるまですべて家でした。

（二〇〇五・七・一）

タマ（たも網）

湖底のシジミを掻き取る

琵琶湖にはセタシジミとマシジミがいて、捕れるのはほとんど固有種のセタシジミである。江戸時代の書『近江輿《よ》地志略』の土産の項にも勢多蜆《せたしじみ》があがっており、湖水勢多橋の上下で捕り、鳥居川村の茶店で煮て売ったとある。このあたりからセタシジミの名も広まったのかもしれないが、今では瀬田川ですっかり獲れなくなってしまった。

写真のタマは竹の柄が折れているが、シジミカキに用いるもので、長い竹棹《ざお》の先に袋網のついた鉄枠を固定し、船の上から人も竹も弓なりになって水底を掻《か》き、砂礫《されき》とともにシジミを捕る。

かつての冬のシジミカキは長命寺から中の湖のあたりへ泊まりがけで行き、船には米、蒲団《ふとん》、割り木などを積み、シジミが船いっぱいになるまでの四、五日間は船で寝泊まりして漁をしたという。（一九八七・一一・一七）

「近江水産図譜」には、方一尺（三〇センチ）ばかりの鉄製のタマに麻糸の網袋を結い付け、長さ二、三ヒロの竹を柄にして湖底を掻くとある。瀬田川筋では皆これを使用し、二人が一舟に乗り、一人はシジミカキ、もう一人は掻き上げた砂石とシジミとを選り分ける。瀬田川では年中シジミを掻くが、最盛期は三月から五月という。（二〇〇五・八・二〇）

サデアミ（叉手網）

追われたアユが入るのを待つ

追いさで漁は、冬から春にかけて湖辺で見かけ、一種の風物詩になっている。これには二股《また》の竹に三角網をつけたのを用いるが、以前は写真のような風船型のサデアミを使った。

これを琵琶湖で用いると、網が小さいので、追い子だけで三人必要となる。小川でハヤ（ウグイの別名）を捕るときは、二人でもでき一人が追い子となり、もう一人がサデアミを受け持つ。川を上る魚群を見つけると、適当な場所で、流れをさえぎるように直角に、サデアミをふせる。網の縁は割り竹でできているので、川底にそわせることができ、細い川では、ほぼ川幅いっぱいになる。追い子は、一〇メートルほど上流から二、三メートル手前まで、追い竿《ざお》で追うと魚は網にはいってしまう。

網は幅七三センチ、長さ一二〇センチ、網丈九二センチ、柄までの全長は一八四センチある。

（一九八七・三・六）

テニスラケット型のサデアミは、主として和邇《わに》川で使用されていた、志賀町今宿《いまじゅく》の「追いさで」が『大正期の漁法』に報告されている。二月から十一月までの漁期のうち三、四月が盛期で、アユやハヤを漁獲していたが、ほとんど自家消費用に供されていて、漁獲物が市場で販売されることはほとんどなかった。ここでは追い棹のことを「鵜《う》」と称し、棹の先には、ウまたはカラスの羽根ではなく黒布が付けてある。

（二〇〇五・八・一）

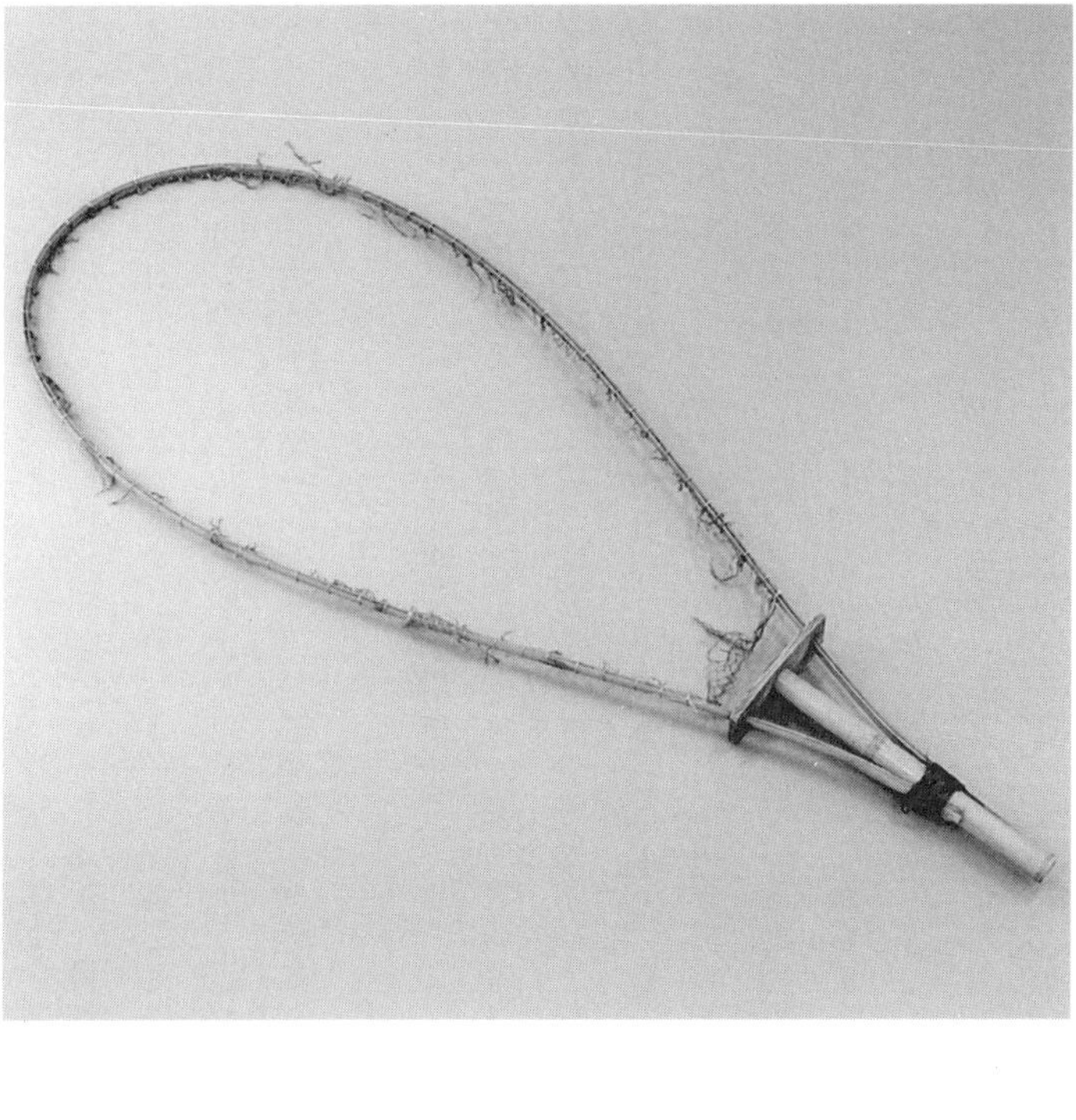

アミモンドリ(網筌)

フナやコイを捕る筌

竹製の筌《うえ》をモンドリと呼ぶところがあるが、筒状の網に竹の輪を三つか四ついれて戻りを付けたのもモンドリといっている。網製のを竹製筌と混同しないために、あえてここではアミモンドリと呼ぶことにする。呼称としてもっとも一般的なのは、もちろんモンドリであるが、能登川町ではモンドリアミといい、そのほかカワモンドリ、アミモジ、フナモジなどという呼び方もある。

竹筌がヒガイ、ギギ、ウナギ、ドジョウ、フナ、コイなど大小各種の魚に合わせて作られていたのに比べると、アミモンドリはフナモジという呼び名があるようにフナをもっぱら捕獲する漁具である。カワモンドリは、マキノ町中庄で春に遡流《そりゅう》するニゴロブナを川幅にあわせて敷設し漁獲するもので、袖網が竹串までハの字状にのび魚を入り口へ誘導するように作られている。

アミモンドリは、フナやコイを対象にしているため編目は荒く、網を張るための竹輪は三本が多いが四本とするのも少なからずあり、竹を細く割った輪の直径は、三〇《セン》《チ》から四〇《セン》《チ》のものが一般的で、なかには六〇《セン》《チ》に及ぶ大型もあれば二〇《セン》《チ》に満たない小型もみられる。なかでも余呉湖で使用されていた特製のアミモジは、四本ある竹の輪の直径が六一《セン》《チ》から八一《セン》《チ》もある大

きなもので、長い袖網を広げて敷設すると全長が八メートルを超える。袖網には、木製の浮子《うき》と陶製の沈子《ちんし》が付けられ、これで大型魚を捕るという。

近ごろは化繊網も用いられ、竹輪でなくビニール被覆《ひふく》の針金のこともある。アミモンドリは、使用するときだけ竹串で張り渡し、それ以外は折り畳んでコンパクトに収納できる便利さがある。竹串は、割り竹か篠竹を用い、前後に二本、または口の両側を二本にし合わせて三本で固定する。

獲物をとり出すときは、竹筌の場合束ねた一方の結びをゆるめて出すのに対し、アミモンドリはノドという戻りのところから手を入れて取り出す。湖岸や川岸の葦《よし》などの生えている浅瀬に魚の動きを読み、魚の通り道にしかけて捕る漁具である。淡水魚ではフナやコイがもっとも有用な漁獲物であったので、それのみを対象とするアミモンドリのような漁具が考案され多用されたのであろう。

（一九九七・一〇・一）

フナコイト（小糸網）
フナを捕る三枚網

近年、琵琶湖では魚が捕れない、魚がいなくなったという。原因はいろいろと考えられるが、決定的なことはまだいえない。とりわけ鮒鮓《ふなずし》に用いるニゴロブナが激減し、一部には輸入もしていると聞く。滋賀県農林水産統計年報によると、平成五年〜十年（一九九三〜九八）までのフナとそのうちに占めるニゴロブナの漁獲量は次の通りである。

（単位：トン）	平成五年	六年	七年	八年	九年	十年
フナ	一二七	九五	一一一	一二二	八三	九二
ニゴロブナ	五〇	三四	四一	四二	一八	二八

昭和六十二年（一九八七）には五〇〇トンもあったフナの漁獲量が、五分の一以下になりニゴロブナに至っては平成五年と比較しても半減している。それで近頃ではニゴロブナ以外のフナも鮒鮓に漬けざるを得ないようになっている。

こうしたフナは、網モンドリやコイタツベ、荒目簀《あらめず》のエリで産卵のために岸辺へ近づいたところを捕獲されてきたが、まだ琵琶湖にいる間に捕る漁具として小糸《こいと》網がある。フナのほかに捕獲対象によって網目の大きさが異なり、モロコ小糸網・アユ小糸網・ハス小糸網・イサザ小糸網など各種ある。

小糸とは、小学館の『日本国語大辞典』によると、細い糸とある。水中では見えなくなるほど細い糸でできた刺《さし》網のことを小糸網と称し、古くは絹糸を買って漁師が自分で網をすいた。現在は漁網会社へ網目を指定して注文すれば作ってくれるようになっており、化繊糸でできている。網の上部には浮《あ》子《ば》縄を通して網が浮くように浮子を付け、下端には沈子《ちんし》縄に沈子を付けて網が沈むようにする。浮子は厚さ一～二ミリのサワラ材などで作った小さな板、沈子は粘土を丸めて素焼きしただけのものであったが、浮子は合成ゴム、沈子は鉛《なまり》の錘《おもり》に変わってしまった。これらの仕立ては今も漁師の仕事である。

フナ小糸網は、フナが通りそうなところを遮断するように仕掛け、魚の泳ぎが前進のみであるのを利用して網目に刺さった魚を漁獲する。近頃は三枚網になっていて、目の細かい網の両側に一辺が十数センチの菱形になる粗い目の網を付け、外側の網を通り抜けたフナが真ん中の網に当たり、さらに反対側の外網につっこむとちょうど二枚の網で袋状に絡み捕獲される。

網丈は、一メートル余のものから五メートル近いものまであり、張り渡すと全長二五メートル前後になる。夕方これを何枚も連ねて仕掛け、両端には目印になる旗などを浮かべ、下には網碇《あみいかり》を湖底に沈め網がピンと張るようにする。こうしておいて翌朝に網を上げるのである。

（二〇〇〇・四・一）

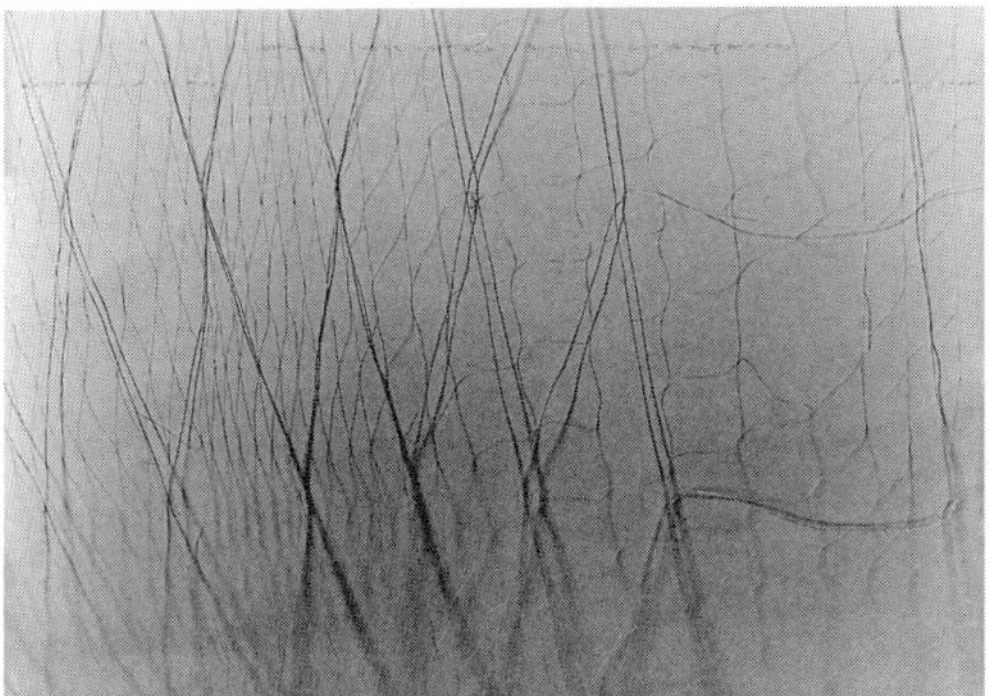

三枚網の網目。目の荒い外網が目の細かい内網をはさむ形になっている　（筆者撮影）

スゴアミ（刺網）

スゴモロコ捕る刺網

琵琶湖には固有種のホンモロコのほかタモロコ、スゴモロコ、デメモロコ、イトモロコなどさまざまなモロコが餌や場所を異にして生息している。タモロコが岸辺や内湖、小川に棲《す》んでいるのに対し、ホンモロコやスゴモロコは琵琶湖の沖合にいて、とりわけスゴモロコは、水深が五メートルから一〇メートルの、底が砂地または砂泥に群を作って生活する。味はホンモロコにかなわないが、体長は一〇センチ前後の小魚である。（『湖国びわ湖の魚たち』）。

スゴアミはスゴモロコを捕るための刺《さし》網で、スゴコイトともいう。刺網は琵琶湖では小糸《こいと》網と呼ばれ、魚が網目に絡んで捕らえられる漁具である。同書によると、スゴモロコはたいそう弱い魚で、網にかかるとすぐ死んでしまうという。こうした魚の習性を知る漁師は、朝方三時か四時ごろに網が底に付くように張り、夜明けには揚げる。一、二時間で魚は掛かる。九月ごろは二〇枚の網を順に約三〇分かけて漬けると、すぐに最初の網から揚げていく。

スゴアミ一枚の大きさは、長さ約三二メートル、丈《たけ》六〇センチ、網目九ミリ。これをすり抜けようとして捕まる。沈子《ちんし》のドロイワは粘土を手で練り藁《わら》を通して焼いた漁師の自家製で、人毛の細綱を付けてあるのを見ると半世紀以上も前のものであろう。

（二〇〇四・九・一七）

草津市北山田での漁。船上で魚を網からはずす

陶製品

テアブリ（火鉢）

炭火入れ手先暖める

生活様式の変化で、暖房用具がすべて電気ガス石油になり、今ではすっかり見かけなくなったものに火鉢がある。部屋全体を暖かくするには囲炉裏《いろり》や竈《かまど》で火を焚《た》くのが早いが、座敷の来客や伊勢講《いせこう》とか法事など多人数が集まる客呼びの席では、座布団の間にいくつもテアブリを配置した。

火鉢の中でもテアブリはどちらかといえば個人用で、暖房具としてはまさに手先だけを暖める程度の効果しかないが、それでも炭火を入れておくと暖かく感じた。半分ほど灰を入れ、その中に赤く火のついた炭を四、五個入れ、端に鎖でつないだ火箸《ひばし》を添える。長時間使用するときは炭を追加しなければならない。炭だけでなく豆炭を併用すると火持ちが良くなり、灰で周囲を被《おお》っておくとなお長持ちする。

裏に「明治四年（一八七一）九月吉日」の墨書があり、このとき二〇脚揃《そろ》いで購入したものと思われる。大波に鶴が羽ばたく絵がらが時代を感じさせる。昭和まで三代にわたって使用され、つねは蔵の中で大切に保存されていた。高さ二三・五センチ、口径二二センチの小さなもので、重量は三・五キロある。暖かくなって炭火を入れなくてもよい時期の人寄りには、たばこ盆の代わりに用いられた。

（二〇〇五・三・一八）

コタツ（炬燵）

冬の夜を暖かくする

こよみの上では、立春が過ぎたとはいえ少しも春らしくない。二十四節気でいう立春は旧暦の正月節のことで、これは中国の華北地方で作られたため、かの地ではこのころになると春めいた気候になるのだそうである。日本ではまだまだ寒く、寝るときにはコタツが必要で、現在の電気製品に変わる前までは、藁《わら》灰に炭火か豆炭を入れた瓦《かわら》製のコタツが利用されていた。

コタツの名称は県内一様でなく、湖北地方ではバントコ、バンドコ、その他バンコ、ヒバコ、オコタ、アンカなどと呼ぶ。

写真下のは手前から火鉢を入れ、上のは上蓋《ぶた》をとって炭火を入れ、蓋をかぶせる形式。やけどをせぬように表面に紙を張ったものもある。熱くなり過ぎて蒲団《ふとん》を焦がすとか、夜中にけとばしたなど、コタツのエピソードは数多い。

（一九八六・二・七）

柳田国男は、『雪国の春』の中の「雪中随筆」で、コタツの起源について触れている。それによると、コタツは床に設けた炉にやぐらを置き、大きな蒲団を掛けて暖気を逃がさぬようにしたもので、家族はそれにもぐり込んで寝た。このため江戸時代に蒲団が普及して以後の発生となり、土製の火《ひ》容《い》れである行火《あんか》を用いた置きコタツが工夫されるに至った。（二〇〇五・九・三）

トックリ（徳利）

豆狸が提げる酒容器

若山牧水の歌に「白玉の歯にしみとおる秋の夜の　酒は静かに飲むべかりけり」というのがある。秋の夜長を一人で冷や酒を味わう心境を詠んだものである。酒は元来は神酒《みき》で、神に供えたお下がりを人もともに飲み、酔うことによって日常から遊離し、神の世界へと近づこうとしたものであろう。江戸時代になって晩酌の習慣ができ、神事とは無関係に嗜好品《しこう》として飲酒することが広まり、寒い時期は燗《かん》をするようになった。

今では酒は、瓶《びん》詰で売られるが、前代では一合（〇・一八リットル）単位で枡による量り売りが一般的で、店先に立っている豆狸《まめだぬき》が提げているようなトックリに、酒屋が屋号や銘柄を入れ、掛け売りをした。県内の各地でよく似た形のトックリを見かけるが、おそらく酒屋が宣伝と得意先をとられないよう考え出したのであろう。

（一九八六・一一・二一）

酒屋が作ったこの種の徳利はいずれも大きく、五合もしくは一升もはいるものである。表に「清酒湖東福」、裏に酒屋の屋号が書かれている。能登川の酒屋が、醸造元から仕入れた酒をこれに入れて小売りしたものという。酒を入れやすくするためか口径は大きく、大は六センチ小は五・三センチ、高さは、大が三三センチ小が二七センチを測る。

（二〇〇五・九・六）

その他（藺草製品・革製品・紙製品ほか）

ヒオイゴザ(日覆い莫蓙)

晴天に着る蓑《みの》

田の草取りをするころは、照りつけに背中が焼けるほど暑く、うつむいて作業をしていると、汗が目にしみて痛い。こんな時期の日よけや、梅雨どきの田植えの雨具にござミノが考案された。普通の藁《わら》ミノは、雨具以外に防寒着を兼ねて用いられることが多く、暑い時期に、これをまとって仕事をするのは耐えがたい。その点、ござミノは扁平で、背中にあてるだけで、腰を曲げてする仕事には十分足り、ミノの下を風が透けて涼しい。

写真のものは、買ったござの上端と下端に竹をあて、紐《ひも》をつけた自家製で、晴天の日射を防ぐのに用いた。一般には、裏に油紙を張り、晴雨兼用に作ったのが販売され、とくに彦根市鳥居本《とりいもと》では、江戸時代から油紙製の道中合羽《がっぱ》が、中山道《なかせんどう》を通る旅人に供せられ、俗に鳥居本ミノとして名物であった。

(一九八六・八・一二)

ヒオイゴザは、高島郡安曇川町北船木《きたふなき》で採集されたもので、幅は五一・五センチ、丈が七六センチあり、腰を曲げて行う作業では背中がすっぽり覆われ、直射日光を遮《さえぎ》るとともに下を風が通る。裏側は二本の紐を渡しただけの簡素な形式で、紐に両腕をとおしてござを背に負うようにして着るだけで、重さも三〇〇グラムとても軽い。

(二〇〇五・八・一六)

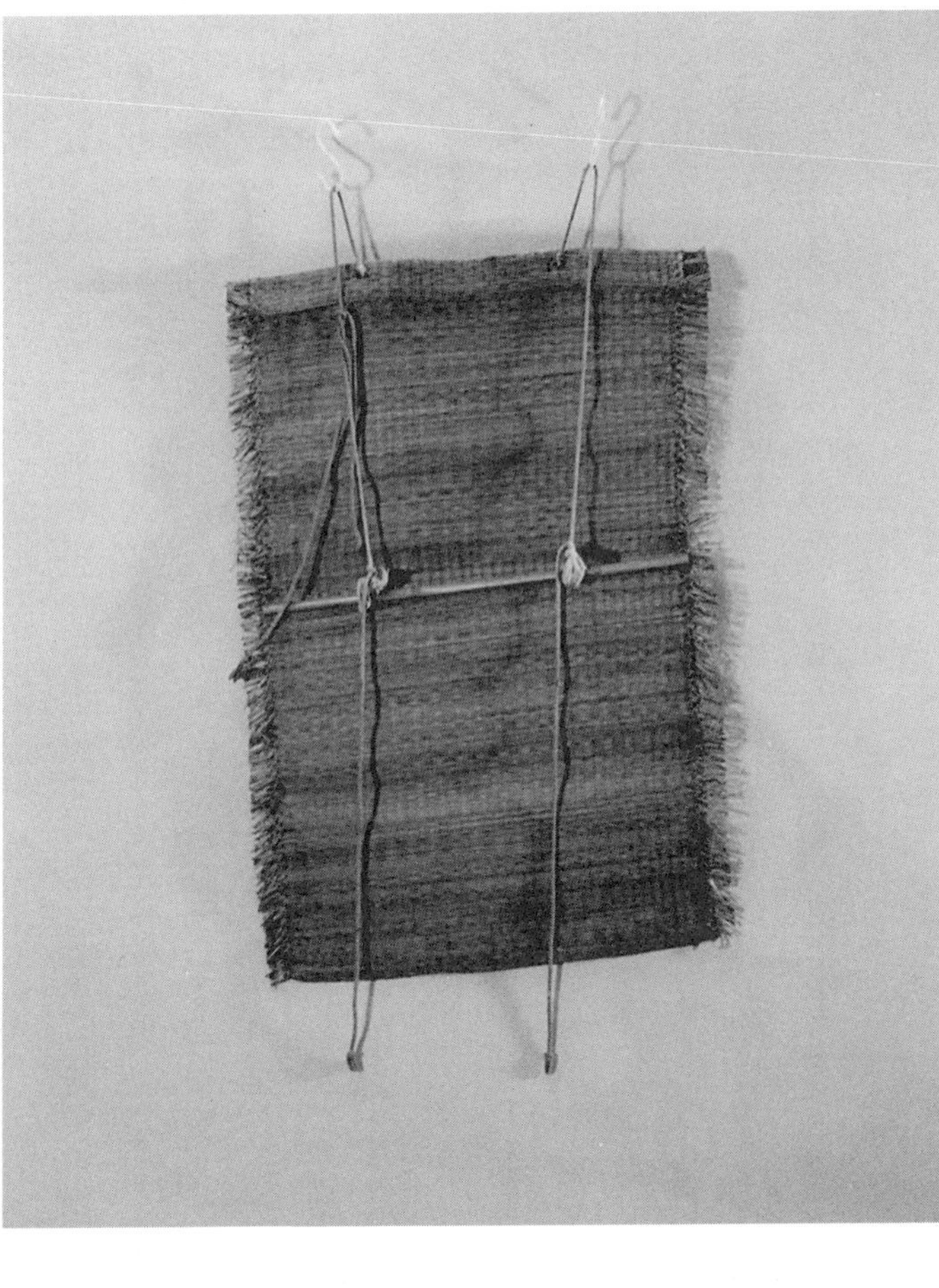

マヤウチワ（馬屋団扇）

煙を送る大団扇

一世代前までは、ほとんどの農家で牛馬を飼い、農作業や薪炭の運搬などに使っていた。特に牛は、若い牛を一、二年肥育して成牛に育てると博労《ばくろう》（牛馬を売買または周旋する人）に渡し、若い牛と交換することで、農家には貴重な現金収入がはいった。一戸で一頭を飼えない家では、二、三戸で共同飼育する。

牛のいる部屋はウマヤとよばれ、同じ家の中で、家族の一員のように大切に扱われたが、糞《ふん》などで臭気が強い。このためハエ、アブ、蚊《か》などが多く、夏季には、これらに刺されて牛馬が弱らないように、米糠《ぬか》や青草をくすべマヤウチワであおり、煙をウマヤへ送りこんで駆除した。

製作は真竹を割って団扇《うちわ》の骨を作り、よく乾燥したところで反古《ほご》の和紙をはり、丈夫なように柿渋《かきしぶ》を塗布して仕上げる。写真は、柄二・二㍍《メートル》、幅〇・八㍍《メートル》の特大のものである。（一九八六・九・五）

この団扇は何に使ったものか、旧蔵者さえ知らないほど長く使用されずに、ただ立派な造りなので大切に保存されていた。旧蔵者は大正時代以前に使用したと推測するが、民家に冷房も網戸もなかった頃は、風を取り入れるために戸や窓は夜も明け放ち、灯りに誘われて虫が入ってきた。一九五〇年代でも家の中で煙を出して燻《いぶ》すことは行われていた。（二〇〇五・八・一七）

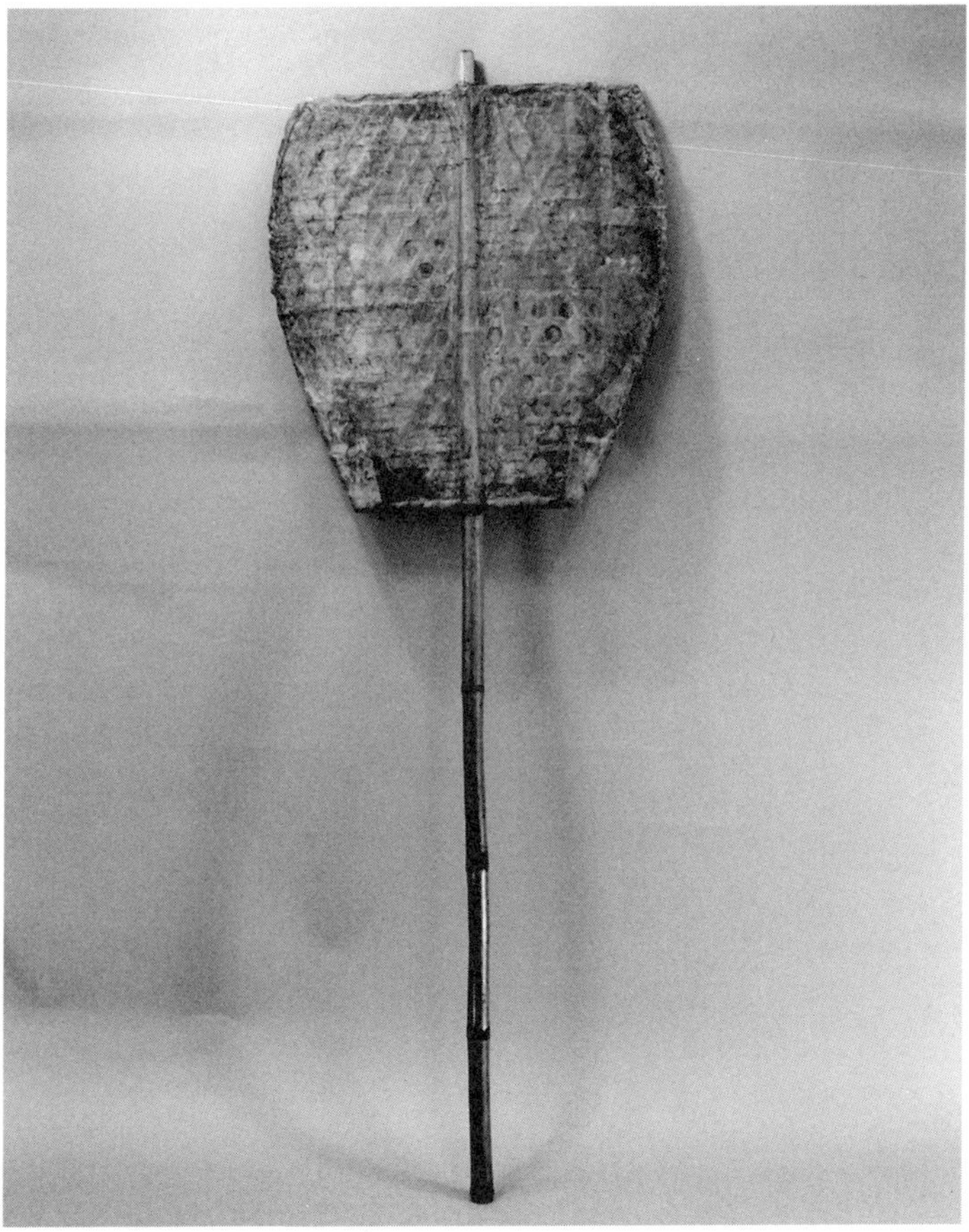

ボンドウロ（盆灯籠）

新精霊を迎える盆の灯籠

盆は旧暦でいうと七月十五日、一年の後半の初秋の満月の日である。古来より人々は、この日を正月とともに先祖が子孫の家を訪れると信じた。このため家々では盆棚などを飾るが、とくに初盆の家では、新精霊の迎え方をていねいに行う。

新亡の個性が強く意識されるためであろうが、信楽町多羅尾《たらお》では、写真のような盆灯籠《とうろう》を作り地蔵盆まで飾る。二十四日には新盆の家が寺に持ち寄り、菊火をともした。作り方は金銀紙を型紙にあわせて切り、裏打ちしたあと、菊や牡丹《ぼたん》などの模様を書いて刳《く》り抜いたのを、すでに作ってあった木枠に浮かし張りする。各家で二日半ほどかけて一対を作る。作る人によって模様が異なり、以前は、親戚《しんせき》からも献灯したので、初盆の家では十数対の灯籠が飾られた。上からタレまで約一・二メートル《メートル》。

（一九八六・九・一二）

新盆には、八月十二日に仏壇とは別に座敷の床の間で新精霊の棚を作る。そして親しい人に参ってもらった。

盆灯籠は、もとは和尚が作っていたのを地元の人が習い覚えて作るようになったというが、作る人により流儀があり切り紙の模様が異なる。また、三重県の伊賀上野《いがうえの》でも作っていたという。

（二〇〇五・八・一七）

カワグツ（皮沓）

イノシシの皮で作った巾着グツ

伝統的な履物といえば、われわれは草履《ぞうり》、草鞋《わらじ》、下駄《げた》など、鼻緒があって、これを指の間にはさんで歩く、藁《わら》や木の製品を想像しがちであるが、カワグツの起源もまた古いとされる。カワグツには、毛皮で作った上級武士の履物とされる毛履《けぐつ》と、写真のように、皮革の前部に穴をあけてひもを通し、これを引きしぼる綱貫《つなぬき》または巾着沓《きんちゃくぐつ》とがある。写真のは、すでに皮が固くなって形が変形してしまっているが、安曇川町から大津へ魚を売りに行くときに履いたと伝えられ、すりへるのを防ぐため、裏に鋲《びょう》が四〇個近く打ちつけてある。牛皮製ではないかといわれたが、イノシシの皮を使用することも少なくない。信楽町多羅尾《たらお》では、シシグツとよんで、イノシシの大きさを、何足の皮がとれるかということで、四足とか五足と称する。　（一九八七・一二・六）

綱貫は江戸時代すでにかなり普及していたとみえ、『農具便利論』に、畿内の農人がもっぱら用いるほか、京大坂では魚売り、野菜屋、馬士《ばし》、丁稚《でっち》に至るまでが草鞋を履かず寒中晴雨を問わず履いている。二足で約六カ月持ち、その間の草鞋代や足袋《たび》代と変わらず、草鞋のように足が汚れることも少ない、とある。挿図の綱貫と写真のカワグツと形状が少し異なるが、これが近代まで使用されていた証跡である。　（二〇〇五・九・一二）

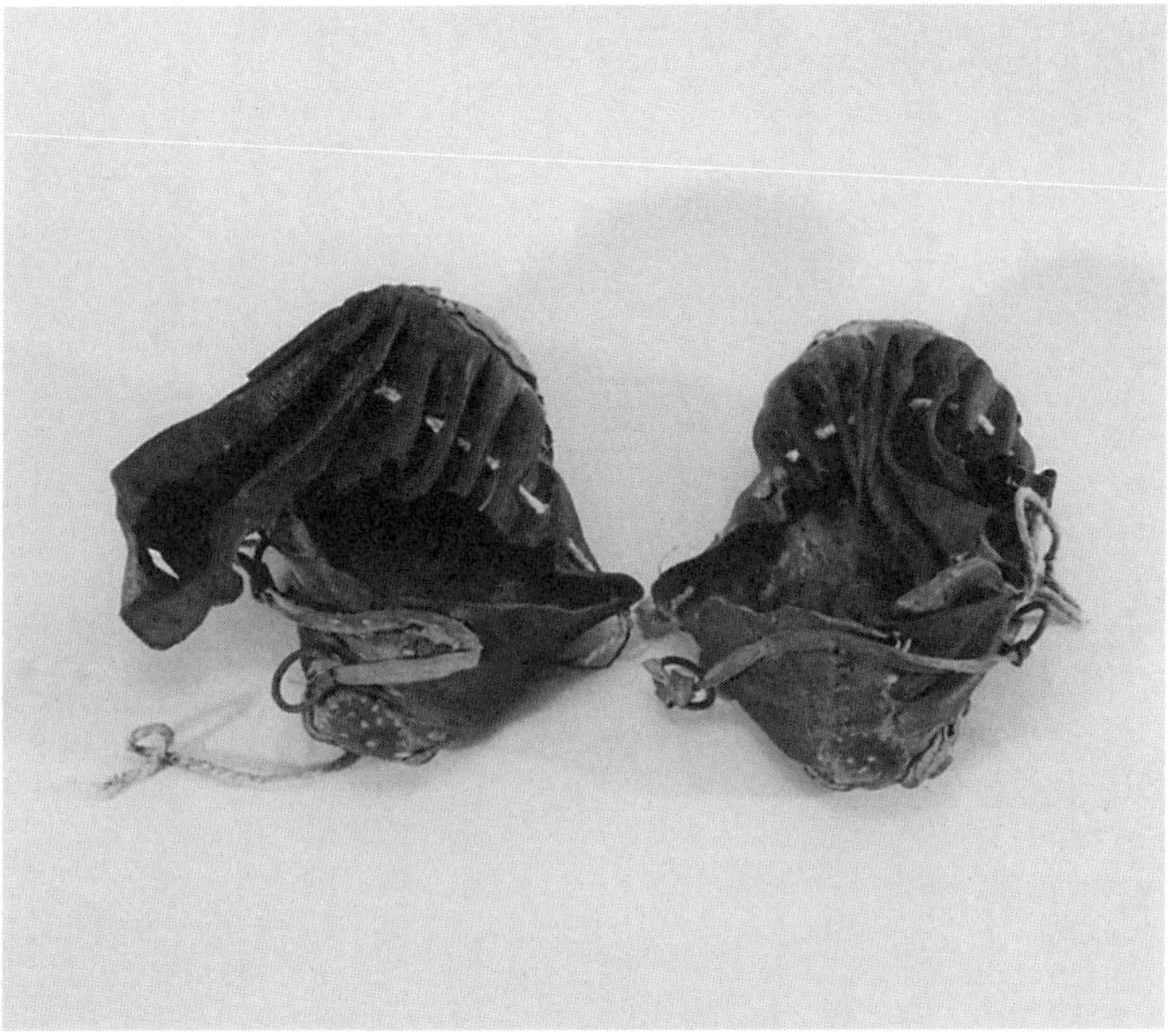

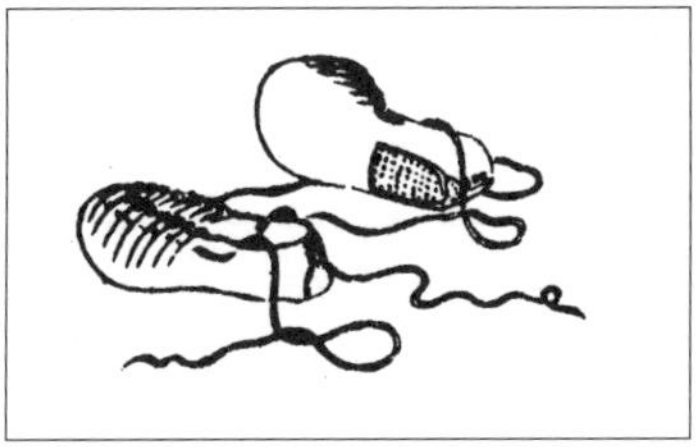

「綱貫」
「日本農書全集」第15巻『農具便利論』(農文協刊)より

クドサンボウキ（竃箒）

棕櫚の葉を炊き束ねる

近江の民家はたいてい田の字型の間取りに設計され、このうちのザシキ（座敷）またはデイ（出居）に設けられた神棚には、氏神や信仰する神社のお札などを祭る。家には神棚に祭られない神がある。竃《かまど》の神、火の神である。竃の神のことを荒神《こうじん》ともいうが、荒神は祟《たた》りやすく荒ぶる性格を持つ神の総称で、屋敷神や同族神の外荒神に対して屋内の火所で祭るのを内荒神と呼んで区別した。暖をとったり煮炊きするのに火は欠くことのできないものであったが、ひとたび火事となって猛威を振るえば制御できなくなり、火伏せの神として祭った。

滋賀では竃のことをクド、フドと呼ぶのが一般的で、わずかにヘッツイという所があり、敬称の「お」や「さん」を付けて呼ぶ。荒神は普段使用しない、大釜に荒神松などを供えて祭ったが、そのほかの竃は毎日火を焚《た》くので灰や埃《ほこり》をかぶりやすく、つねに清浄を保つために竃専用の箒《ほうき》を使用した。他で使用する箒を竃にも併用することは心理的に認めがたかったのであろう。

クドサンボウキは、漂白と長持ちさせるために、棕櫚《しゅろ》の葉を塩水で炊き、よく乾燥させたあと先を裂いて針金で束ね、先を切りそろえたものである。

（二〇〇五・六・二四）

コドモタイマツ（子供松明）
ミニチュアの松明

例年、四月十四、十五日は近江八幡市の日牟礼《ひむれ》八幡宮で八幡祭が行われる。別名、松明《たいまつ》祭とも称し、旧八幡町の周辺に展開する上《かみ》と下《しも》とあわせて一二郷《ごう》の祭りである。各種の松明が奉火されることで知られ、海外でも写真入りの研究書が刊行されている。

松明は、上の郷と下の郷が一基ずつ奉納する、青竹で作った大松明（笹松明）と、各郷が菜種殻や葭《よし》で作る燭台《しょくだい》型の松明とに大別されるが、郷ごとの松明はさまざまな形をしている。たとえば、北之庄《きたのしょう》は酒を入れる徳利《とっくり》のように胴が膨らんだ一二本の松明、南津田《みなみつだ》はムラを出るときから燃やしながら引きずって歩く船松明、手に持って振りながら行列して進む振り松明が特徴的である。一般的なのは燭台の形をした松明で、子どもたちはそのミニチュアを作って点火し、縄を付けて境内を走り回っている。（一九八七・四・二四）

男児のいる家では、おじいさんが孫のためにコドモタイマツを作ってやるが、町の中ではこれを販売しているのを見かける。大きさは特に決まっているわけではなく、子供の背丈を勘案して作られているようである。（二〇〇五・八・二一）

ガイコン

大正期の人力脱穀機

稲穂の脱穀技術の変遷をたどると、二本の竹に穂を挟み扱《しご》いて籾《もみ》を脱粒させた扱箸《こきばし》から、江戸時代中期に鉄の歯が並んだ千歯扱《せんばこき》が出現し、作業効率が飛躍的に向上した。これは農繁期に必要な婦人労働者の仕事を奪うことになり、俗に「後家《ご け》倒し」と呼ばれた。

大正ごろになって登場したのが足踏《あしぶ》み式脱穀機で、さらに能率を高めることとなり、県内ではイナゴキまたはガイコン、ガーカンなどと呼んだ。ペダルを踏んで円筒形のドラムを回転させるときに発する音からガイコンなどと名付けられたのであろう。昭和三十年代には発動機で脱穀機を動かすようになり、現在ではコンバインが刈り取りと同時に脱穀を行う。

ガイコンは、人力によって動かす環境負荷の少ない脱穀機である。足踏み動作によりドラムを回転させ、ドラムの表面に付いた無数のU字状の針金突起物に触ると稲穂の籾《もみ》が脱落する原理で、稲だけでなく大豆の脱穀にも用いた。使用するときは、籾や大豆の飛散を防ぐため枠を立て袋状の布を被《かぶ》せる。

他府県の民俗資料館などへ行くと、基本的な構造は同じで、細部が微妙に違う足踏み式脱穀機を見ることができ、類似した型式が各地で製造されたことを知ることができる。

（二〇〇四・一〇・一五）

東近江市近江商人博物館　[17]

東近江市五個荘竜田町583　TEL0748-48-7101
ＪＲ琵琶湖線能登川駅から近江バス生き活き館前下車徒歩10分

近江八幡市立資料館　[18]

近江八幡市新町２丁目22
TEL0748-32-7048　ＪＲ琵琶湖線近江八幡駅からバス小幡資料館前下車すぐ

東近江市能登川博物館　[19]

東近江市山路町2225　TEL0748-42-7007
ＪＲ琵琶湖線能登川駅から徒歩20分

愛荘町歴史文化博物館　[20]

愛知郡愛荘町松尾寺878
TEL0749-37-4500　ＪＲ琵琶湖線稲枝駅からバス金剛輪寺下車すぐ

豊《ゆたか》会館　[21]

犬上郡豊郷町下枝56
TEL0749-35-2356　ＪＲ琵琶湖線稲枝駅から近江バス豊会館前下車すぐ

長浜城歴史博物館　[22]

長浜市公園町10-10　TEL0749-63-4611
ＪＲ北陸本線長浜駅から徒歩５分

浅井歴史民俗資料館　[23]

長浜市大依町528　TEL0749-74-0101
JR北陸本線長浜駅からバスでスポーツ公園下車すぐ

伊吹山文化資料館　[24]

米原市春照77　TEL0749-58-0252
ＪＲ東海道線近江長岡駅から湖国バスジョイイブキ下車徒歩８分

高月町立観音の里歴史民俗資料館　[25]

伊香郡高月町渡岸寺229
TEL0749-85-2273
ＪＲ北陸本線高月駅から徒歩10分

白谷荘民俗資料館　[26]

高島市マキノ町白谷343
TEL0740-27-0164　ＪＲ湖西線マキノ駅からバス白谷下車徒歩10分

マキノ町郷土文化保存伝習施設　[27]

高島市マキノ町蛭口260-1
TEL0740-27-1484
ＪＲ湖西線マキノ駅から徒歩10分

朽木郷土資料館　[28]

高島市朽木野尻478-22　TEL0740-38-2339
ＪＲ湖西線安曇川駅から江若バス朽木グランド前下車徒歩５分

高島歴史民俗資料館　[29]

高島市鴨2239　TEL0740-36-1553
ＪＲ湖西線安曇川駅から徒歩20分

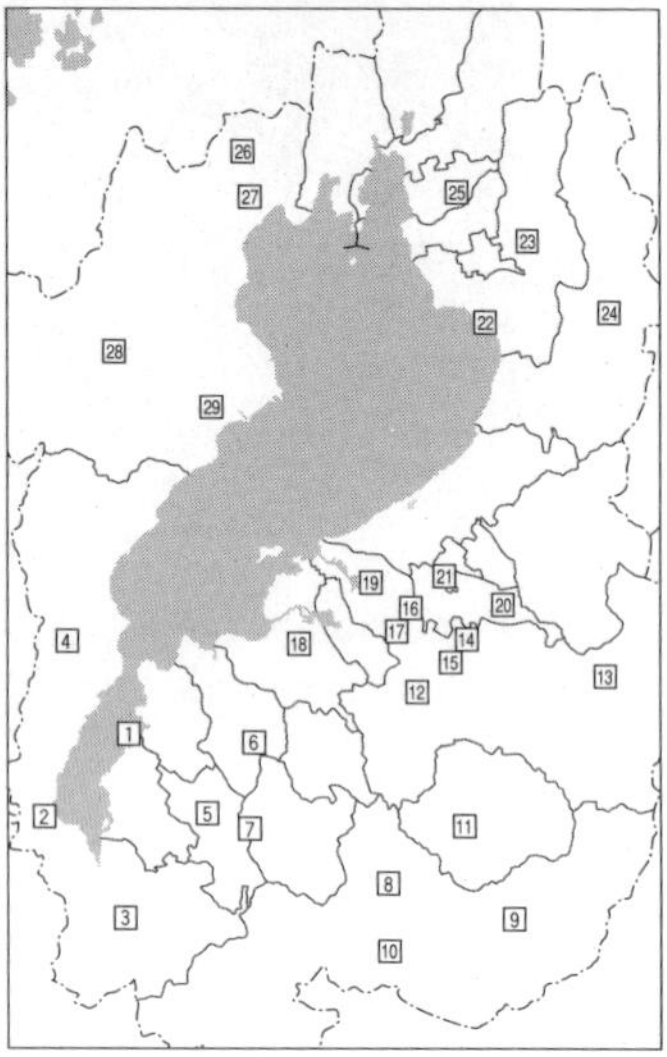

●休館日、入場料等については事前にお問い合せください。

民具を収蔵する滋賀県内の博物館・資料館（平成18年３月現在）

滋賀県立琵琶湖博物館 1
草津市下物町1091　TEL077-568-4811
ＪＲ琵琶湖線草津駅から近江バス琵琶湖博物館前下車すぐ

大津市歴史博物館 2
大津市御陵町2-2　TEL077-521-2100
京阪石坂線別所駅徒歩５分、ＪＲ湖西線西大津駅徒歩15分

田上《たなかみ》郷土資料館 3
大津市上田上牧町638　TEL077-549-0369
ＪＲ琵琶湖線石山駅から帝産バス平野または牧下車徒歩５分

伊香立《いかだち》 香の里史料館 4
大津市伊香立下在地町1223-1
TEL077-598-2005　ＪＲ湖西線堅田駅から江若バス下在地下車徒歩１分

栗東歴史民俗博物館 5
栗東市小野223　TEL077-554-2733
ＪＲ琵琶湖線草津駅からバス赤坂団地下車徒歩３分

野洲市立歴史民俗博物館 6
（銅鐸博物館）
野洲市辻町　TEL077-587-4410
ＪＲ琵琶湖線野洲駅から近江バス銅鐸博物館前下車すぐ

東海道石部宿歴史民俗資料館 7
湖南市雨山２丁目1-1　TEL0748-77-5400
ＪＲ草津線石部駅から徒歩20分

甲賀市水口歴史民俗資料館 8
甲賀市水口町水口5638　TEL0748-62-7141
ＪＲ草津線貴生川駅から近江鉄道水口城南駅下車すぐ

甲賀市土山歴史民俗資料館 9
甲賀市土山町北土山2230
TEL0748-66-1056　あいの丘文化公園
JR草津線三雲駅からJRバス

甲賀市甲南ふれあいの館 10
甲賀市甲南町葛木925　TEL0748-86-7551
ＪＲ草津線甲南駅下車徒歩10分

近江日野商人館 11
蒲生郡日野町大窪1011
TEL0748-52-0007　近江鉄道日野駅からバス大窪車庫下車徒歩３分

東近江市世界凧博物館・
八日市大凧会館 12
東近江市東本町3-5　TEL0748-23-0081
近江鉄道八日市駅から近江バス５分

東近江市木地師《きじし》資料館 13
東近江市蛭谷町176
問合せ先：蛭谷区長宅
近江鉄道八日市駅からバス（永源寺車庫でバス乗換え）蛭谷下車すぐ

東近江市湖東歴史民俗資料館 14
東近江市北菩提寺町126
TEL0749-45-2188
近江鉄道八日市駅からタクシー

近江商人郷土館 15
東近江市小田刈473　TEL0749-45-0002
近江鉄道八日市駅からタクシー

東近江市五個荘近江商人屋敷
藤井彦四郎邸 16
東近江市宮荘町681　TEL0748-48-2602
ＪＲ琵琶湖線能登川駅から近江バス宮荘下車徒歩10分

あとがき

本書は、かつて著者が二度にわたり京都新聞滋賀版へ連載したものを中心に、一部は季刊誌『湖国と文化』へ連載したのを加え、現在は滋賀県立琵琶湖博物館に収蔵されている民具の中から一〇〇点を選んでまとめたものである。

京都新聞への連載は、最初は「滋賀の民具」という標題で昭和六十一年二月七日から翌年の四月二十四日まで五〇回、二度目は琵琶湖博物館の写真協力を得て「民具とくらし　琵琶湖博物館収蔵品から」というタイトルで平成十六年五月二十八日から翌年の七月一日まで五〇回であった。最初の連載のときは、まだ琵琶湖博物館ができておらず、滋賀県教育委員会で将来民俗博物館を建設したときの展示品として民具収集をしている時期であった。一七年半にわたり収集した民具はその後琵琶湖博物館で収蔵されることになったが、最初の連載の中には収集できなかったものも含んでいた。本書ではそれらをはずし、琵琶湖博物館に保管されているものに限定することにした。このため、『湖国と文化』八〇号（平成九年七月一日刊）から九四号（平成十三年一月一日刊）まで断続的に一一回にわたり掲載した「湖国の民具」から琵琶湖博物館の収蔵品を加えることにした。掲載年月日はそれぞれの文末に記したとおりである。昭和の連載が三二五字にまとめることになっていたため、本書ではこれに現在のコメントを追加することにした。また、最初の連載はモノクロ写真であったので、今回は全て琵琶湖博物館で撮影された写真を掲載させていただくことになった。ここに記してお礼を申し上げる。

本書に収載した民具は、琵琶湖博物館を代表するものでもないし、滋賀県の特徴ある民具ばかりを選んだものでもない。むしろ県域を越えて広く用いられてきたものが少なくない。その意味では我が国の民具の一端を示すものである。

琵琶湖博物館には数千点の民具が収蔵されている。それらすべての収集を著者が担当したわけではないが、自分の関わった民具は今も一見するとわかる思い出の詰まったものばかりである。ジプシーのように、民具たちは収集の一七年余を転々と仮置き場を移動して余命を保ったが、今は立派な収蔵施設に納まって安住の地を得た。博物館は第二の働き場である。展示品として民具が活躍する場である。広い収蔵庫が民具の墓場とならないよう、入れ替わり立ち替わり収蔵庫から出て活躍してもらいたい。

ねっからの怠け者で、京都新聞滋賀本社編集部山中英之氏からは早くから出版を勧めていただいていたにもかかわらずとりまとめに遅れ、編集のサンライズ出版の岸田氏は辛抱強く原稿の完成を待っていただいた。両氏にはここに記して謝する次第である。

著　者

◆主な参考文献◆

礒貝勇『日本の民具』岩崎美術社、一九七一
伊藤博校注『万葉集—「新編国歌大観」準拠版』上・下、角川書店、一九八五
黒板勝美編『新訂増補　国史大系　第二部　八　延喜式　前編』吉川弘文館、一九五二
鍬形蕙斎著・朝倉治彦解説『近世職人づくし』岩崎美術社、一九八〇
越谷吾山著・東條操校訂『物類称呼』岩波書店、一九四二
小松茂美編『蒙古襲来絵詞　日本の絵巻』中央公論社、一九八八
坂本太郎ほか校注『日本古典文学大系六七　日本書記』岩波書店、一九六七
佐竹昭広ほか編『新日本古典文学大系十七　竹取物語／伊勢物語』岩波書店、一九九七
寒川辰清著・小島捨市校註『近江輿地志略』歴史図書社、一九六六
滋賀県教育委員会編『仮称琵琶湖民俗博物館（県立歴史民俗資料館）基本計画調査報告書』一九八二
滋賀県教育委員会編『湖西の漁撈習俗　琵琶湖総合開発地域民俗文化財特別調査報告書四』一九八二
滋賀県教育委員会編『滋賀県の民具　滋賀県有形民俗文化財収集調査報告書四』（「近江水産図譜」収録）、一九八三
滋賀県教育委員会編『滋賀県民俗地図』一九七九
滋賀県教育委員会編『大正期の漁法　琵琶湖総合開発地域民俗文化財特別調査報告書資料編』一九八〇
滋賀県教育委員会文化財保護課編『滋賀県の民具　滋賀県有形民俗文化財収集調査報告書七』滋賀県教育委員会、一九八七
滋賀県市町村沿革史編さん委員会編『滋賀県市町村沿革史』第五巻（『滋賀県物産誌』収録）、一九六二
滋賀県百科事典刊行会編『滋賀県百科事典』大和書房、一九八四

滋賀県立琵琶湖文化館編『湖国びわ湖の魚たち』第一法規、一九八〇
近畿農政局滋賀統計情報事務所編『滋賀農林水産統計年報』滋賀農林統計協会、一九九九
宗応星著・藪内清訳注『天工開物　東洋文庫一三〇』平凡社、一九八四
中川源吾・饗庭喜代蔵『琵琶湖水産誌』高島郡教育会、一九一一
中村幸彦校注『日本古典文学全集四九　東海道中膝栗毛』小学館、一九七八
日本大辞典刊行会編『日本国語大辞典』全二〇巻、小学館、一九七二〜七六
八幡町編『滋賀県八幡町史』上・中・下、八幡町役場、一九四〇
福田アジオほか編『日本民俗大辞典』（上・下）吉川弘文館、上・一九九九、下・二〇〇〇
藤井絢子『菜の花エコ革命』創森社、二〇〇四
水上勉『湖の琴』角川書店、一九六八
柳田国男『定本柳田国男集』第二巻、筑摩書房、一九六二
柳田国男『定本柳田国男集』第九巻、筑摩書房、一九六二
柳田国男『分類農村語彙』上・下（復刻）、国書刊行会、一九七九
山田龍雄ほか編『日本農書全集　第一五巻　農具便利論ほか』農山漁村文化協会、一九七七
山田龍雄ほか編『日本農書全集　第三五巻　蚕飼絹篩大成ほか』農山漁村文化協会、一九八三
余呉町教育委員会・建設省高時川ダム工事事務所編『高時川ダム建設地域民俗文化財調査報告書』余呉町、一九九一

■著者略歴

長谷川嘉和（はせがわ・よしかず）

1946年生まれ
同志社大学大学院博士課程単位取得
滋賀県教育委員会事務局文化財保護課参事
大手前大学非常勤講師
日本民俗学会評議員、民俗芸能学会評議員、近畿民具学会幹事
滋賀の食事文化研究会副会長

著書　共編共著『滋賀県百科事典』大和書房1984、『都道府県別祭礼行事・滋賀県』桜楓社1991　共著『工芸の博物誌―手わざを支える人ともの―』淡交社2001、『お豆さんと近江のくらし』淡海文庫８、1996、『くらしを彩る近江の漬物』淡海文庫12、1998、『近江の飯・餅・団子』淡海文庫18、2000、『湖魚と近江のくらし』淡海文庫28、2003

論文　「滋賀の蝋型鋳金の系譜と技法」『近畿民具』８、1984
「『民謡』江州音頭と『民踊』江州音頭の成立過程―江州音頭研究メモ（１）」『蒲生野』20、1985
「近江における太鼓踊りの分布」『民俗文化分布圏論』1993
「近代の神社祭祀における神饌の統一について」『滋賀の食事文化』第11号、2002

現住所　大阪府高槻市東上牧２－１－４

近江《おうみ》の民具《みんぐ》　淡海《おうみ》文庫35

2006年５月10日　初版１刷発行

企　画／淡海《おうみ》文化を育てる会
著　者／長谷川　嘉　和
発行者／岩　根　順　子
発行所／サンライズ出版
滋賀県彦根市鳥居本町655-1
☎0749-22-0627　〒522-0004

印刷・製本／P－NET信州

ISBN4-88325-152-7 Printed in Japan

淡海文庫について

「近江」とは大和の都に近い大きな淡水の海という意味の「近（ちかつ）淡海」から転化したもので、その名称は「古事記」にみられます。今、私たちの住むこの土地の文化を語るとき、「近江」でなく、「淡海」の文化を考えようとする機運があります。

これは、まさに滋賀の熱きメッセージを自分の言葉で語りかけようとするものであると思います。

豊かな自然の中での生活、先人たちが築いてきた質の高い伝統や文化を、今の時代に生きるわたしたちの言葉で語り、新しい価値を生み出し、次の世代へ引き継いでいくことを目指し、感動を形に、そして、さらに新たな感動を創りだしていくことを目的として「淡海文庫」の刊行を企画しました。

自然の恵みに感謝し、築き上げられてきた歴史や伝統文化をみつめつつ、今日の湖国を考え、新しい明日の文化を創るための展開が生まれることを願って一冊一冊を丹念に編んでいきたいと思います。

一九九四年四月一日

好評既刊より

淡海文庫５

ふなずしの謎

滋賀の食事文化研究会 編　定価1020円（税込）

　琵琶湖の伝統食として、最古のすしの形態を残す「ふなずし」。ふなずしはどこから来て、どうやって受け継がれてきたのか？　湖国のなれずし文化を検証する。

淡海文庫８

お豆さんと近江のくらし

滋賀の食事文化研究会 編　定価1020円（税込）

　大豆、小豆、ソラ豆、エンドウ豆。大切なタンパク源として、民俗・信仰を通じて近江に伝承されつづける「豆」料理を各地に取材して集成。

淡海文庫11

丸子船物語

橋本鉄男 著／用田政晴 編　定価1260円（税込）

　民俗文化財保護を訴え続けた琵琶湖漁労研究者の最後の琵琶湖民俗論。かつて琵琶湖の水運を支えた丸子船に関する、著者の多くの資料を一括収録。

淡海文庫16

信長《のぶなが》船づくりの誤算 —湖上交通史の再検討—

用田政晴 著　定価1260円（税込）

　元亀４年、湖上に大船を浮かべた織田信長は直ちに小さな船に解体してしまった。その理由はどこにあったのか？ 発掘資料をもとに新たな視点から、近代まで続く丸子船利用の特質を明らかにする。